FAITES DE VOS RÉVISIONS UN JEU AVEC LA COLLECTION QCM ASSIMIL

Ces QCM couvrent un niveau situé entre « débutant » et A2 du CECRL, découpés en 30 modules. Les modules abordent des thèmes grammaticaux, lexicaux ou culturels.

Dans chaque module, notez votre réponse en début de ligne. Chaque question vaut 1 point, mais plusieurs bonnes réponses sont possibles ; dans ce cas vous devez toutes les donner pour obtenir le point. Vérifiez vos réponses dans les corrigés placés à la fin de chaque module, inscrivez votre score dans la pastille dédiée et reportez-vous à la grille d'autoévaluation.

Dans la même collection

Le portugais aux éditions Assimil, c'est aussi...

 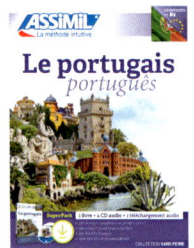

Pour atteindre le niveau A2   Pour atteindre le niveau B2

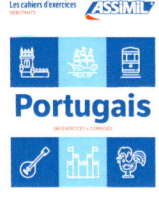 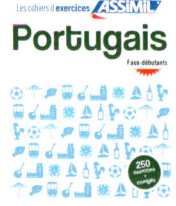 

Pour vous entraîner, réviser

Pour vous débrouiller en voyage

Et bien d'autres titres à découvrir sur assimil.com

300 tests
PORTUGAIS

Ana Braz & Mónica Cunha

Module 1
AS BASES (LES BASES)

Focus Saluer

Corrigé page 11

Choisissez la forme adéquate au moment de la journée.

1. Il est 10 heures du matin.
   - **A** Boa tarde!
   - **B** Bom dia!

2. Il est 14 heures.
   - **A** Bom dia!
   - **B** Boa tarde!

3. Il est 22 heures.
   - **A** Boa noite!
   - **B** Boa tarde!

4. Il est 20 heures.
   - **A** Boa tarde!
   - **B** Boa noite!

5. Il est 6 heures du matin.
   - **A** Bom dia!
   - **B** Boa noite!

> **Astuce** **Bom dia** est employé le matin, jusqu'à midi ou treize heures. **Boa tarde** s'emploie l'après-midi jusqu'à la tombée de la nuit. **Boa noite** est utilisé après la tombée de la nuit jusqu'au lever du soleil.

Focus Prendre congé

Choisissez l'expression adéquate selon la situation.

1. On se voit plus tard dans la journée.
   - **A** Adeus!
   - **B** Até logo!

2. On ne sait pas quand est-ce qu'on se revoit.
   - **A** Adeus!
   - **B** Até breve!

Module 1
AS BASES (LES BASES)

3. On se voit bientôt.

    A Até breve!   **B** Até logo!

4. On se voit une prochaine fois.

    A Adeus!   **B** Até à próxima!

5. On se voit dans quelques instants.

    A Até já!   **B** Adeus!

Focus L'article défini

Choisissez le bon emploi des articles définis.

Corrigé page 11

1. Eu sou ...

    A a Clara.   **B** Clara.   **C** o Clara.

2. ... é português.

    A Miguel   **B** A Miguel   **C** O Miguel

3. Qual é ... nacionalidade?

    A tua   **B** a tua   **C** o teu

4. Ele chama-se ...

    A o João.   **B** a João.   **C** João.

5. Estes são ...

    A os Silva.   **B** Silva.   **C** a Silva.

6. Qual é ... profissão ?

    A seu   **B** a sua   **C** sua

Module 1
AS BASES (LES BASES)

Corrigé page 11

7. Ele é ...

   - **A** professor
   - **B** a professor
   - **C** o professor

8. Ela é ...

   - **A** a arquiteta
   - **B** o arquiteta
   - **C** arquiteta

Focus Le pronom personnel sujet

Choisissez le pronom personnel sujet adéquat.

1. ... trabalho num restaurante.

   - **A** Ele
   - **B** Tu
   - **C** Eu

2. ... chama-se Maria?

   - **A** Ele
   - **B** Ela
   - **C** Tu

3. ... és estudante?

   - **A** Tu
   - **B** Você
   - **C** Ela

4. ... é portuguesa ou francesa?

   - **A** Tu
   - **B** Ele
   - **C** Ela

5. Onde é que ... trabalhas?

   - **A** Você
   - **B** Tu
   - **C** Eu

6. ... não moro em Faro.

   - **A** Ele
   - **B** Você
   - **C** Eu

Choisissez le pronom personnel sujet omis.

1. Fala português?

   - **A** Eu
   - **B** Tu
   - **C** Você

Module 1
AS BASES (LES BASES)

2. Não me chamo Joana.

   A Ela   **B** Eu   **C** Ele

3. É cabeleireira?

   A Você   **B** Tu   **C** Eu

4. Trabalha em Portugal ou em França?

   A Ele   **B** Eu   **C** Tu

5. Como é que te chamas?

   A Você   **B** Tu   **C** Eu

> **Astuce** Le pronom sujet est souvent omis devant le verbe conjugué car le verbe porte la marque du sujet. **Você** (équivalent formel de *tu*, utilisé pour vouvoyer) se conjugue comme **ele/ela**.

Focus — La place du pronom dans la phrase

Choisissez la bonne construction.

Corrigé page 11

1. Ele …

   A se chama Manuel.

   B chama-se Manuel.

2. Como …

   A te chamas?

   B chamas-te?

3. … Luísa.

   A Me chamo

   B Chamo-me

Module 1
AS BASES (LES BASES)

Corrigé page 11

4. Ela é que ...
   - **A** se chama Sara.
   - **B** chama-se Sara.

5. Eu não ...
   - **A** chamo-me Gabriel.
   - **B** me chamo Gabriel.

6. Eu ...
   - **A** chamo-me Gabriela.
   - **B** me chamo Gabriela.

> **Astuce** Le pronom personnel se place habituellement, en portugais européen, après le verbe (**Tu chamas-te Artur.**). Quand certains mots comme les adverbes interrogatifs (**Como**, **Quando**, **Porque**, etc.), les conjonctions (**que**, **se**, etc.), les adverbes de négation (**não**, **nunca**, etc.) ou les indéfinis (**alguém**, **ninguém**, etc.) précèdent le verbe, le pronom se place avant le verbe (**Tu não te chamas Artur.**)

Focus Les verbes en *-ar* (premier groupe) au présent

Pour chaque question, choisissez la bonne réponse.

1. Você trabalha na escola?
   - **A** Sim, trabalhas.
   - **B** Sim, trabalha.
   - **C** Sim, trabalho.

Module 1
AS BASES (LES BASES)

2. Como é que ela se chama?

   A Chamas-te Leonor.

   B Chama-se Leonor.

   C Chamo-me Leonor.

3. Quantas línguas falas?

   A Falo 3 línguas.

   B Fala 3 línguas.

   C Falas 3 línguas.

4. Onde é que ele estuda?

   A Estudas em Lisboa.

   B Estuda em Lisboa.

   C Estudo em Lisboa.

5. Moras no Porto?

   A Não, mora em Coimbra.

   B Não, moras em Coimbra.

   C Não, moro em Coimbra.

Focus Le genre des nationalités

Choisissez le bon genre.

1. A Vera é …

   A portuguesa.   **B** português.

Module 1
AS BASES (LES BASES)

Corrigé page 11

2. O André é ...
   - **A** italiano.
   - **B** italiana.

3. Ela é ...
   - **A** espanhol.
   - **B** espanhola.

4. Ele é ...
   - **A** sueco.
   - **B** sueca.

5. A minha mãe é ...
   - **A** francês.
   - **B** francesa.

6. O teu pai é ...
   - **A** turco.
   - **B** turca.

Astuce Bon nombre de noms et d'adjectifs de nationalité se terminent en **-ês** (masculin) ou **-esa** (féminin). D'autres prennent les formes **-ano/-ana**. Le **-o** est la marque du masculin et le **-a** est la marque du féminin.

Sélectionnez le genre de chaque nationalité.

1. inglês
   - **A** feminino
   - **B** masculino

2. suíça
   - **A** feminino
   - **B** masculino

3. brasileira
   - **A** feminino
   - **B** masculino

Module 1
AS BASES (LES BASES)

4. canadiano
   - **A** feminino
   - **B** masculino

5. chinesa
   - **A** feminino
   - **B** masculino

6. moçambicano
   - **A** feminino
   - **B** masculino

> **Astuce** Le noms des peuples s'écrivent avec une minuscule (**os portugueses** ; **os angolanos** ; **os belgas**, etc.).

Choisissez la bonne traduction.

Corrigé page 11

1. Tu és americano.
   - **A** Tu es américaine.
   - **B** Tu es américain.

2. Eu sou irlandesa.
   - **A** Je suis irlandaise.
   - **B** Je suis irlandais.

3. Ela é checa.
   - **A** Il est tchèque.
   - **B** Elle est tchèque.

4. Ele é japonês.
   - **A** Il est japonais.
   - **B** Elle est japonaise.

5. Eu sou romena.
   - **A** Je suis romain.
   - **B** Je suis romaine.

6. Tu és marroquino?
   - **A** Tu es marocain ?
   - **B** Tu es marocaine ?

Module 1
VOCABULÁRIO (VOCABULAIRE)

Locutions / Phrases essentielles

Saluer

Olá (informel)	*Salut*
Bom dia	*Bonjour / Bonne journée*
Boa tarde	*Bonsoir / Bon après-midi*
Boa noite	*Bonne soirée / Bonne nuit*

Prendre congé

até já	*à tout de suite*
até logo	*à plus tard*
até breve	*à bientôt*
até à próxima	*à la prochaine*
adeus	*au revoir / adieu*

Articles définis

o, a, os, as	*le, la, les*

Pronoms personnels sujet

eu	*je/moi*
tu	*toi*
ele	*il/lui*
ela	*elle*

Trois premières personnes du présent de l'indicatif – verbes réguliers en -*ar*

eu trabalho	*je travaille*
tu trabalhas	*tu travailles*
ele/ela trabalha	*il/elle travaille*

Module 1
SOLUÇÕES (CORRIGÉ)

As bases

PAGE 2 – Saluer
1 **B** 2 **B** 3 **A** 4 **B** 5 **A**

PAGES 2-3 – Prendre congé
1 **B** 2 **A** 3 **A** 4 **B** 5 **A**

PAGES 3-4 – L'article défini
1 **A** 2 **C** 3 **B** 4 **C** 5 **A** 6 **B** 7 **A** 8 **C**

PAGES 4-5 – Le pronom personnel sujet
1 **C** 2 **B** 3 **A** 4 **C** 5 **B** 6 **C**
1 **C** 2 **B** 3 **A** 4 **A** 5 **B**

PAGES 5-6 – La place du pronom dans la phrase
1 **B** 2 **A** 3 **A** 4 **A** 5 **B** 6 **A**

PAGES 6-7 – Les verbes en **-ar** (premier groupe) au présent
1 **C** 2 **B** 3 **A** 4 **B** 5 **C**

PAGES 7-9 – Le genre des nationalités
1 **A** 2 **A** 3 **B** 4 **A** 5 **B** 6 **A**
1 **B** 2 **A** 3 **A** 4 **B** 5 **A** 6 **B**
1 **B** 2 **A** 3 **B** 4 **A** 5 **B** 6 **A**

Vous avez obtenu entre 0 et 14 ? Oups ! Il faut revoir les bases.

Vous avez obtenu entre 15 et 30 ? Moyen. Un peu plus d'effort.

Vous avez obtenu entre 31 et 45 ? Pas mal du tout ! Continuez.

Vous avez obtenu 46 et plus ? Parabéns! *Félicitations !* Vous êtes sur la bonne voie.

Module 2
AS BASES

Focus **Demander et donner une adresse**

Choisissez la bonne option.

Corrigé page 23

1. ... moras?
   - **A** Onde
   - **B** Qual
   - **C** Quem

2. ... é a sua morada?
   - **A** Onde
   - **B** Qual
   - **C** Quem

3. Moro...
   - **A** no nº 5, Rua dos Lírios.
   - **B** na Rua dos Lírios, nº 5.
   - **C** na Rua dos Lírios, do nº 5.

4. O Palácio de Sintra fica no...
   - **A** Largo Rainha Dona Amélia.
   - **B** Piso Rainha Dona Amélia.
   - **C** Andar Rainha Dona Amélia.

5. O código postal de Sintra é...
   - **A** 2710-616.
   - **B** 2710616.
   - **C** 2710.616.

Module 2
AS BASES

Focus **Demander et donner l'âge et la situation familiale**

Choisissez l'option adéquate.

Corrigé page 23

1. Que ... tem?
   - **A** anos
   - **B** idade

2. Quantos ... tens?
   - **A** anos
   - **B** idade

3. Já tens 18 anos?
   - **A** Não, ainda tenho 17 anos
   - **B** Sim, tenho 15 anos.

4. És casado? Não, sou ...
   - **A** solteira.
   - **B** unido de facto.

Signalez l'intrus.

5. estado civil
   - **A** divorciado
   - **B** marido
   - **C** viúvo

Module 2
AS BASES

Sélectionnez la bonne traduction.

Corrigé page 23

6. Miguel est marié. Son épouse s'appelle Filipa.

   - **A** O Miguel é marido. A mulher dele chama-se Filipa.
   - **B** O Miguel é casado. A esposa dele chama-se Filipa.
   - **C** O Miguel é casal. A esposa dele chama-se Filipa.

Focus Vouvoyer

Sélectionnez la formule de vouvoiement.

1.
   - **A** Como se chama?
   - **B** Como te chamas?

2.
   - **A** Como estás?
   - **B** Como está?

3.
   - **A** Que idade tens?
   - **B** Que idade tem?

4.
   - **A** Onde mora?
   - **B** Onde moras?

5.
   - **A** De onde é?
   - **B** De onde és?

Module 2
AS BASES

Focus — La politesse – s'adresser à quelqu'un

Sélectionnez la bonne traduction.

Corrigé page 23

1. Comment allez-vous, madame ?

    A Como está, minha senhora?

    B Como está, menina?

2. Comment vous appelez-vous, monsieur ?

    A Como se chama o senhor?

    B Como se chama, menino?

3. Madame Joana, voulez-vous vous asseoir ?

    A Dona Joana, quer sentar?

    B Dona Joana, quer sentar-se?

4. Madame, ça vous dérangerait de fermer la porte ?

    A A senhora importas-te de fechar a porta?

    B A senhora importa-se de fechar a porta?

Focus — Remercier

Choisissez la réponse adéquate.

1. Estás linda!

    A Obrigado.   **B** Obrigada.

2. Senhor Martins, como está?

    A Estou bem, obrigado.   **B** Estou bem, obrigada.

Module 2
AS BASES

Corrigé page 23

3. Dona Rosa, quer beber um café?
   - **A** Quero, quero. Obrigado!
   - **B** Quero, quero. Obrigada!

4. João, queres ajuda?
   - **A** Não, obrigado.
   - **B** Não, obrigada.

5. Muito obrigado!
   - **A** De nada.
   - **B** Por nada.

Astuce Le locuteur féminin doit toujours répondre **obrigada** et le locuteur masculin, **obrigado**.

Focus Compter jusqu'à 100

Choisissez la bonne version en toutes lettres.

1. 1 jardim e 1 rua
   - **A** uma jardim e um rua
   - **B** um jardim e uma rua

2. 2 jardins e 2 ruas
   - **A** duas jardins e dois ruas
   - **B** dois jardins e duas ruas

3. 16
   - **A** dezasseis
   - **B** dez e seis

4. 51
   - **A** quincenta e um
   - **B** cinquenta e um

5. 72
   - **A** setenta e dois
   - **B** septenta e dois

Module 2
AS BASES

6. 99

- **A** noventa e nove
- **B** nonenta e nove

Focus Les verbes *ser* et *estar*

Pour chaque proposition, choisissez le verbe adéquat.

Corrigé page 23

1. ... cansada.
   - **A** Estou
   - **B** Sou

2. ... a vida!
   - **A** Está
   - **B** É

3. Ainda ... jovem.
   - **A** és
   - **B** estás

4. ... professor de português.
   - **A** sou
   - **B** estou

Complétez cet échange avec le couple de verbes qui convient.

1. Quem ...? ... a Lídia.
   - **A** És/Sou
   - **B** Estás/Sou
   - **C** Estás/Estou
   - **D** És/Estou

2. De onde ...? ... de Évora.
   - **A** Estás/Estou
   - **B** Estás/Sou
   - **C** És/Sou
   - **D** És/Estou

Module 2
AS BASES

3. ... solteira? ... viúva.

- **A** És/Sou
- **B** Estás/Sou
- **C** Estás/Estou
- **D** És/Estou

Astuce Les verbes **ser** et **estar** équivalent tous deux au verbe *être*. **Ser** est employé pour désigner des caractéristiques permanentes et **estar** exprime un état ou une situation temporaire qui peut changer rapidement.

Focus La préposition *em*

Choisissez la bonne préposition.

Corrigé page 23

1. Estou de férias ... Açores.
   - **A** em
   - **B** nos

2. ... praias do Sul está calor.
   - **A** Em
   - **B** Nas

3. Trabalho ... Praça da Alegria.
   - **A** em
   - **B** na

4. Moras ... Bairro Alto.
   - **A** em
   - **B** no

5. ... Setúbal há bom peixe.
   - **A** Em
   - **B** No

6. Moramos ... bairro bonito
   - **A** em
   - **B** num

Module 2
AS BASES

7. Eles trabalham ... rua agradável.

   A em
   B numa

Astuce La préposition **em** se contracte souvent avec les articles définis (**o**, **a**, **os**, **as** / *le*, *la*, *les*) et les articles indéfinis (**um**, **uma**, **uns**, **umas** / *un*, *une*, *des*). La forme contractée de la préposition avec les articles définis est **no**, **na**, **nos**, **nas** et celle des articles indéfinis est **num**, **numa**, **nuns**, **numas**.
Habituellement les noms des villes ne demandent pas d'article défini. Par exemple : **Lisboa**, **Paris**, **Barcelona**, etc.

Focus Les trois premières personnes des verbes réguliers du deuxième groupe (*-er*)

Choisissez la bonne forme conjuguée du verbe.

Corrigé page 23

1. Tu ... bem o Alentejo?

   A conheço
   B conheces
   C conhece

2. O meu cão ... um urso.

   A pareço
   B pareces
   C parece

3. A senhora ... lindos poemas.

   A escrevo
   B escreves
   C escreve

Module 2
AS BASES

> Corrigé page 23

4. A tua irmã ... aqui perto?
   - **A** vivo
   - **B** vives
   - **C** vive

5. Eu ... sempre um café de manhã.
   - **A** bebo
   - **B** bebes
   - **C** bebe

Focus — Les verbes *ser*, *estar* et *ter*

Choisissez la forme adéquate.

1. O marido da Olívia ... eu.
   - **A** sou
   - **B** estou
   - **C** tenho

2. ... a idade da tua irmã.
   - **A** Sou
   - **B** Estou
   - **C** Tenho

3. A Alice ... 27 anos.
   - **A** é
   - **B** está
   - **C** tem

4. Há quanto tempo ... casado?
   - **A** és
   - **B** estás
   - **C** tens

5. Hoje ... no trabalho até tarde?
   - **A** és
   - **B** estás
   - **C** tens

6. O Dr. Antunes ... cardiologista.
   - **A** é
   - **B** está
   - **C** tem

Module 2
AS BASES

Focus Un peu de vocabulaire

Sélectionnez la traduction correcte.

1. Habitez-vous près d'ici ?

    A Mora aqui perto?

    B Moras ali perto?

    C Moram lá perto?

2. Malheureusement, je suis veuve.

    A Infelizmente estou viúvo.

    B Infelizmente sou solteira.

    C Infelizmente sou viúva.

3. Monsieur, vous êtes encore jeune.

    A O senhor ainda é jovem.

    B Senhora, ainda é jovem.

    C Senhor, ainda está jovem.

4. Je ne suis plus étudiant, je travaille à la mairie.

    A Também não sou estudante, trabalho na Câmara Municipal.

    B Já não sou estudante, trabalho na Câmara Municipal.

    C Ainda não sou estudante, trabalho na Câmara Municipal.

Module 2
VOCABULÁRIO

Les trois premières personnes des verbes réguliers du deuxième groupe (*-er*)

eu escrevo	*j'écris*
tu escreves	*tu écris*
ele/ela/você escreve	*il/elle écrit, vous écrivez*

Les trois premières personnes des verbes irréguliers *ser*, *estar* et *ter*

ser

eu sou	*je suis*
tu és	*tu es*
ele/ela/você é	*il/elle est, vous êtes*

estar

eu estou	*je suis*
tu estás	*tu es*
ele/ela/você está	*il/elle est, vous êtes*

ter

eu tenho	*j'ai*
tu tens	*tu as*
ele/ela/você tem	*il/elles a, vous avez*

Situation familiale

solteiro	*célibataire*
unido de facto	*pacsé*
casado	*marié*
divorciado	*divorcé*
viúvo	*veuf*

Locutions / Phrases essentielles

Onde mora/moras?	*Où habitez-vous / habites-tu ?*
Que idade tem/tens?	*Quel âge avez-vous / as-tu ?*
obrigado/obrigada	*merci*

Module 2
SOLUÇÕES

As bases

VOTRE SCORE :

PAGE 12 – Demander et donner une adresse
1 **A** 2 **B** 3 **B** 4 **A** 5 **A**

PAGES 13-14 – Demander l'âge et la situation familiale
1 **B** 2 **A** 3 **B** 4 **B** 5 **B** 6 **B**

PAGE 14 – Vouvoyer
1 **A** 2 **B** 3 **B** 4 **A** 5 **A**

PAGE 15 – La politesse – s'adresser à quelqu'un
1 **A** 2 **A** 3 **B** 4 **B**

PAGES 14-15 – Remercier
1 **B** 2 **A** 3 **B** 4 **A** 5 **A**

PAGES 16-17 – Compter jusqu'à 100
1 **B** 2 **B** 3 **A** 4 **B** 5 **A** 6 **A**

PAGES 17-18 – Les verbes **ser** et **estar**
1 **A** 2 **B** 3 **A** 4 **A**
1 **A** 2 **B** 3 **A**

PAGES 18-19 – La préposition **em**
1 **B** 2 **B** 3 **B** 4 **B** 5 **A** 6 **B** 7 **B**

PAGES 19-20 – Les trois premières personnes des verbes réguliers du deuxième groupe (**-er**)
1 **B** 2 **C** 3 **C** 4 **C** 5 **A**

PAGE 20 – Les verbes **ser**, **estar** et **ter**
1 **A** 2 **C** 3 **C** 4 **B** 5 **B** 6 **A**

PAGE 21 – Un peu de vocabulaire
1 **A** 2 **C** 3 **A** 4 **B**

Vous avez obtenu entre 0 et 14 ? Oups ! Il faut revoir les bases.
Vous avez obtenu entre 15 et 30 ? Moyen. Un peu plus d'effort.
Vous avez obtenu entre 31 et 45 ? Pas mal du tout ! Continuez.
Vous avez obtenu 46 et plus ? Parabéns! *Félicitations !* Vous êtes sur la bonne voie.

Module 3
AS BASES

Focus Saluer en tutoyant

Choisissez la traduction correcte.

Corrigé page 34

1. Salut !
   - **A** Olá!
   - **B** Oi!

2. Ça va ?
   - **A** Tudo bem?
   - **B** Está bem?

Répondez aux questions.

1. Como estás, Matias?
   - **A** Bem, obrigado.
   - **B** Obrigado.

2. Tudo bem, Sónia?
   - **A** Obrigada.
   - **B** Tudo bem, obrigada.

3. Olá! Tudo bem?
   - **A** Tudo bem. E contigo?
   - **B** Tudo bem. E com tu?

Astuce La préposition **com** se contracte avec les pronoms personnels **eu (contigo)**, **tu (contigo)**, **você (consigo)**, **nós (connosco)** et **vocês/vós (convosco)**.

Focus Présenter sa famille

Choisissez la description correcte.

1. os pais:
   - **A** o pai e a mãe
   - **B** o pai e a mão

Module 3
AS BASES

2. os avós:
   - **A** o avó e a avô
   - **B** a avó e o avô

   Corrigé page 34

3. os meus avós têm três filhos:
   - **A** o meu pai, a minha mãe e o meu tio.
   - **B** a minha mãe, o meu tio e a minha tia.

4. os filhos dos tios são …
   - **A** o primo e a prima
   - **B** o irmão e a irmã.

5. são filhos únicos, não têm …
   - **A** primos
   - **B** irmãos

6. a minha prima Joana não tem irmãos, …
   - **A** é irmã-gémea
   - **B** é filha única

7. o Sr. Isidro tem três netos:
   - **A** uma neta e dois netos
   - **B** um neto e uma neta

Focus Exprimer le goût et la préférence

Répondez aux questions.

1. Gostas de fazer desporto?
   - **A** Gosta muito.
   - **B** Gosto muito.

Module 3
AS BASES

2. Adoro peixe! E tu?
   - **A** Também gosta imenso.
   - **B** Também gosto imenso.

3. Preferes o Samba ou a Bossa Nova?
   - **A** Prefiro a Bossa Nova.
   - **B** Prefiro a Samba.

4. A Daniela não gosta muito de Jazz, pois não?
   - **A** Detesta.
   - **B** Detestas.

5. A Dona Glória gosta de cozinhar?
   - **A** Nem por isso, prefiro comer no restaurante.
   - **B** Nem por isso, preferes comer no restaurante.

Focus Prendre congé

Que peut-on répondre ?

1. Até à próxima!
   - **A** Tenho de ir.
   - **B** Tchau.

2. Desculpa, tenho de ir.
   - **A** Não faz mal, até à próxima.
   - **B** Então, tudo bem.

3. Olha, tens tempo para beber um café?
   - **A** Desculpa, mas estou com pressa.
   - **B** Até à próxima.

Module 3
AS BASES

4. Então, tchau.
   - **A** Até à próxima.
   - **B** Olha, tenho de ir.

Focus Les pronoms sujets pluriels

Complétez les phrases suivantes.

Corrigé page 34

1. ... adoramos viajar.
   - **A** Nós
   - **B** Vocês
   - **C** Eles

2. Maria e Inês, ... têm muitas parecenças.
   - **A** nós
   - **B** vocês
   - **C** elas

3. A Maria e a Inês são irmãs. ... são muito parecidas.
   - **A** Nós
   - **B** Vocês
   - **C** Elas

4. O Joaquim e a Lurdes são irmãos. ... têm muitas parecenças.
   - **A** Vocês
   - **B** Eles
   - **C** Elas

5. ... moram perto de nós.
   - **A** Vós
   - **B** Vocês
   - **C** Nós

Focus Les adjectifs possessifs

Complétez les phrases avec le possessif adéquat.

1. Márcio, importa-se de me emprestar a ... caneta, por favor?
   - **A** seu
   - **B** sua
   - **C** dela

2. O ... irmão é divertido.
   - **A** minha
   - **B** meu
   - **C** dela

Module 3
AS BASES

Corrigé page 34

3. A ... avó é do norte ?
   - **A** teu
   - **B** tua
   - **C** dela

4. Dona Clemência, o ... sorriso é encantador.
   - **A** seu
   - **B** sua
   - **C** dela

5. A ... irmã estuda jornalismo.
   - **A** minha
   - **B** meu
   - **C** dela

6. O meu avô adora literatura. O passatempo preferido...é ler.
   - **A** seu
   - **B** sua
   - **C** dele

7. A Vitória tem um gato. O gato ... é de raça persa.
   - **A** seu
   - **B** sua
   - **C** dela

8. É o carro do ... irmão?
   - **A** teu
   - **B** tua
   - **C** dele

9. Os ...lugares estão reservados. Podem sentar-se aqui.
   - **A** nossos
   - **B** vossos
   - **C** deles

10. Há demasiado gelo nas ...bebidas.
    - **A** nossas
    - **B** vossos
    - **C** sua

11. A mãe ... é de origem angolana.
    - **A** sua
    - **B** deles
    - **C** nossa

Répondez aux questions.

1. O livro é da Laura? Sim, é...
   - **A** dela.
   - **B** dele.

Module 3
AS BASES

2. De quem é este carro? É...

   A meu.   **B** minha.

3. O cão é vosso? Sim, é ...

   A deles.   **B** nosso.

4. Onde está? Já estou na ... rua.

   A sua   **B** seu

5. Estas flores são minhas? Claro que são...

   A suas.   **B** delas.

Astuce Les adjectifs possessifs **seu** (*son*), **sua** (*sa*), **seus** (*ses*) et **suas** (*ses*) s'emploient par rapport au pronom personnel **você** (*vous*). **Dele** (*son*) et **dela** (*sa*) correspondent au pronom **ele** (*lui*) et **ela** (*elle*).

Focus — Les verbes *ser* et *ter* au pluriel

Répondez aux questions.

Corrigé page 34

1. Vocês são casados?

   A São.   **B** Somos.

2. Quantos irmãos têm?

   A Tem dois.   **B** Temos dois.

3. Eles são ambos do Porto?

   A São.   **B** Somos.

4. As senhoras já têm os bilhetes?

   A Já têm, sim.   **B** Já temos, sim.

Module 3
AS BASES

5. As chaves são deles?

   A São. **B** Somos.

Focus **Les verbes réguliers du troisième groupe (-*ir*)**

Conjuguez correctement.

Corrigé page 34

1. Não gosto muito de música clássica. ... jazz.

   A Prefero **B** Prefiro

2. Jantamos no restaurante ou ... comer em casa?

   A preferes **B** prefires

3. Tocar guitarra ... -me bastante.

   A divirto **B** diverte

4. Os meus primos ... -se sempre nas festas de família.

   A divertem **B** divertimos

5. Vocês ... ir ao cinema ou ver televisão?

   A prefere **B** preferem

6. Estou cansada, hoje não ... jogar ténis.

   A consigo **B** consego

7. Eles já não ... comunicar bem em inglês.

   A conseguem **B** consegue

Module 3
AS BASES

Focus **Un peu de traduction**

Choisissez la traduction la plus juste.

Corrigé page 34

1. Desculpa, tenho de ir, estou com pressa.

   A Excuse-moi, je dois y aller, je suis pressé.

   B Excusez-moi, je dois y aller, je suis pressé.

2. Não faz mal, tudo bem.

   A Pas de problème, tout va bien.

   B Pas de problème, tu vas bien.

3. Vocês são muito parecidas.

   A Vous êtes très identiques.

   B Vous vous ressemblez beaucoup.

4. Os meus pais estão à minha espera.

   A Mes parents m'attendent.

   B Mes parents sont attendus.

5. Vou buscar o meu irmão ao trabalho.

   A Je vais chercher mon frère au boulot.

   B Va chercher mon frère au boulot.

Module 3
VOCABULÁRIO

Verbes

ser *être* (pluriel)

nós somos	*nous sommes*
vocês são	*vous êtes*
eles/elas são	*ils/elles sont*

ter *avoir* (pluriel)

nós temos	*nous avons*
vocês têm	*vous avez*
eles/elas têm	*ils/elles ont*

preferir *préférer*

eu prefiro	*je préfère*
tu preferes	*tu préfères*
ele/ela/você prefere	*il/ elle préfère, vous préférez*
nós preferimos	*nous préférons*
vocês preferem	*vous préférez*
eles/elas preferem	*ils/elles préfèrent*
gostar de	*aimer*
preferir	*préférer*
adorar	*adorer*
não gostar de	*ne pas aimer*
detestar	*détester*

La famille

mãe, pai, pais	*mère, père, parents*
irmã, irmão, irmãos	*sœur, frère, frères et sœurs*

Module 3
VOCABULÁRIO

avó, avô, avós	*grand-mère, grand-père, grands-parents*
prima, primo, primos	*cousine, cousin, cousins*
tia, tio	*tante, oncle*
neta, neto	*petite-fille, petit-fils*
irmão gémeo / irmã gémea	*frère jumeau / sœur jumelle*
filho único / filha única	*fils unique / fille unique*

Les pronoms personnels sujets pluriels

nós	*nous*
vocês (= **vós**)	*vous*
eles	*ils*
elas	*elles*

Les adjectifs possessifs

meu, minha, meus, minhas	*mon, ma, mes*
teu, tua, teus, tuas	*ton, ta, tes*
seu, sua, seus, suas	*son, sa, ses*
dele, dela	*son, sa*
nosso (a), nossos (as)	*notre, nos*
vosso (a), vossos (as)	*votre, vos*
deles, delas	*leur, leurs*

Locutions / Phrases essentielles

Tchau!	*Au revoir !* (informel)
Até à próxima!	*À la prochaine !*

Module 3
SOLUÇÕES

As bases

VOTRE SCORE :

PAGE 24 – Saluer en tutoyant
1 **A** 2 **A**
1 **A** 2 **B** 3 **A**

PAGES 24-25 – Présenter sa famille
1 **A** 2 **B** 3 **B** 4 **A** 5 **B** 6 **B** 7 **A**

PAGES 25-26 – Exprimer le goût et la préférence
1 **B** 2 **B** 3 **A** 4 **A** 5 **A**

PAGES 26-27 – Prendre congé
1 **B** 2 **A** 3 **A** 4 **A**

PAGE 27 – Les pronoms sujets pluriels
1 **A** 2 **B** 3 **C** 4 **B** 5 **B**

PAGES 27-29 – Les adjectifs possessifs
1 **B** 2 **B** 3 **B** 4 **A** 5 **A** 6 **C** 7 **C** 8 **B** 9 **B** 10 **A** 11 **B**
1 **A** 2 **A** 3 **B** 4 **A** 5 **A**

PAGES 29-30 – Les verbes **ser** et **ter** au pluriel
1 **B** 2 **B** 3 **A** 4 **B** 5 **A**

PAGE 30 – Les verbes réguliers du troisième groupe (**-ir**)
1 **B** 2 **A** 3 **B** 4 **A** 5 **B** 6 **A** 7 **A**

PAGE 31 – Un peu de traduction
1 **A** 2 **A** 3 **B** 4 **A** 5 **A**

Vous avez obtenu entre 0 et 14 ? Oups ! Il faut revoir les bases.
Vous avez obtenu entre 15 et 30 ? Moyen. Un peu plus d'effort.
Vous avez obtenu entre 31 et 45 ? Pas mal du tout ! Continuez.
Vous avez obtenu 46 et plus ? Parabéns! *Félicitations !* Vous êtes sur la bonne voie.

Module 4
AS BASES

Focus S'excuser

Indiquez s'il s'agit de tutoiement ou de vouvoiement.

Corrigé page 44

1. Desculpa, mas já está na hora de ir embora.
   - **A** tutoiement
   - **B** vouvoiement

2. Desculpe, estou com pressa.
   - **A** tutoiement
   - **B** vouvoiement

3. Deixa-me passar, por favor?
   - **A** tutoiement
   - **B** vouvoiement

À qui demande-t-on des excuses ?

1. Desculpem interromper a vossa conversa.
   - **A** vocês
   - **B** eles

2. Desculpa lá qualquer coisa.
   - **A** tu
   - **B** ele

3. Desculpe-me pelo atraso.
   - **A** eu
   - **B** você

Astuce Avec la formule **Desculpa lá qualquer coisa** la personne s'excuse d'un éventuel dérangement.

Focus Demander une faveur

Complétez.

1. ... de esperar 5 minutos?
   - **A** Importa-me
   - **B** Importa-se

Module 4
AS BASES

2. ... este livro, por favor?

   A Empresta-se   **B** Emprestas-me

3. Não ... que eu passe à sua frente na fila?

   A se importa   **B** te importas

4. O senhor ... sentar, se faz favor? Estou grávida.

   A deixa-se   **B** deixa-me

5. Meninos, ... de andar mais depressa? Estamos atrasados !

   A importa-se   **B** importam-se

Focus Remercier quelqu'un pour sa courtoisie

Choisissez la bonne formule.

Corrigé page 44

1. ... compreender a situação.

   A Obrigado de   **B** Obrigado por

2. ... o convite, mas infelizmente não dá.

   A Agradecemos   **B** Obrigado

3. Que simpático da tua parte! ...

   A Muito obrigado!   **B** Agradece.

4. ... compreensão.

   A Obrigada pela   **B** Obrigado por a

5. ... cavalheirismo. Nem toda a gente é assim.

   A Agradeço por   **B** Agradeço pelo

6. Muito ... pela atenção.

   A agradece   **B** obrigado

Astuce Não dá est synonyme de *ce n'est pas possible*.

Module 4
AS BASES

Focus: Prendre congé

Complétez les phrases.

1. Então, boa ... e até amanhã.
   - **A** dia
   - **B** tarde

2. Obrigado! Bom ... para si também.
   - **A** dia
   - **B** tarde

3. Vamos dormir. ...
   - **A** Bom dia!
   - **B** Boa noite!

4. Desejo um ... a todos.
   - **A** bom dia
   - **B** boa tarde

5. Desejo-vos uma ...
   - **A** boa noite.
   - **B** bom dia.

Focus: Les nombres ordinaux

Faites correspondre la version en toutes lettres à sa version en chiffres.

1. quinquagésimo
   - **A** 15º.
   - **B** 50º.

2. décimo sexto
   - **A** 16º.
   - **B** 106º.

3. nono
   - **A** 9º.
   - **B** 90º.

4. vigésimo
   - **A** 20º.
   - **B** 12º.

5. sexagésimo
   - **A** 70º.
   - **B** 60º.

Module 4
AS BASES

Focus Les locutions prépositionnelles de lieu

Répondez aux questions.

Corrigé page 44

1. O supermercado fica à frente da escola?
   - **A** Ao lado.
   - **B** Da lado.

2. Onde estão as laranjas? ... do frigorífico.
   - **A** Debaixo
   - **B** Dentro

3. Viramos à direita? Não, seguimos ...
   - **A** à frente.
   - **B** em frente.

4. O gato dorme no quarto? Sim, ... da cama.
   - **A** debaixo
   - **B** frente

5. Os senhores moram à frente do jardim? Não, ...
   - **A** atrás.
   - **B** atrás de.

Choisissez la bonne option.

1. Não há mais envelopes ... da gaveta.
   - **A** dentro
   - **B** cima

2. Os livros estão ... da secretária.
   - **A** de cima
   - **B** em cima

3. Não consigo ver nada porque estás ... da televisão.
   - **A** à frente
   - **B** em cima

4. É para virar na primeira à esquerda e depois seguir ... até à avenida da Liberdade.
   - **A** em frente
   - **B** atrás

Module 4
AS BASES

5. Os sacos das compras estão … da mesa, no chão.

   A por cima   **B** debaixo

Focus **Les verbes réguliers du premier (-*ar*) et du deuxième (-*er*) groupes**

Conjuguez.

1. Ela … do chefe. Ele não é cavalheiro nem simpático.

   A queixa-se   **B** queixa

   Corrigé page 44

2. Todas as noites, nós … histórias aos nossos filhos.

   A conta   **B** contamos

3. Os meus primos nunca … o telefone

   A atendo   **B** atendem

4. Elas … sempre o convite.

   A agradecem   **B** agradece

5. … um quilo de bananas, por favor.

   A desejas   **B** desejo

6. A sra. Márcia Figueira … perfeitamente o problema.

   A compreende   **B** compreendo

7. Eu nunca … atrasado ao trabalho.

   A chega   **B** chego

8. … que é possível passar agora pelo hotel?

   A Penso   **B** Pensas

Module 4
AS BASES

Focus Le verbe irrégulier *estar*

Choisissez la bonne forme.

Corrigé page 44

1. Agradeço o convite mas ... cansado.
   - **A** estou
   - **B** está

2. Eu e a Raquel ... quase a chegar.
   - **A** estão
   - **B** estamos

3. Você ... de férias?
   - **A** estou
   - **B** está

4. João, ... em casa?
   - **A** estamos
   - **B** estás

5. A Ana e o Carlos ... doentes.
   - **A** estamos
   - **B** estão

Focus Un peu de traduction

Choisissez la bonne traduction pour la phrase proposée.

1. J'ai mal à la gorge.
   - **A** Tenho com dor na garganta.
   - **B** Estou com dor de garganta.

2. Tu dois écouter cette chanson.
   - **A** Tu deves ouvir a música.
   - **B** Tens de ouvir esta música.

Module 4
AS BASES

3. Nous attendons le bus.

    A Estamos à espera do autocarro.

    B Esperamos um autocarro.

Corrigé page 44

4. Je vous remercie de votre compréhension.

    A Agradeço-lhe da sua compreensão.

    B Agradeço pela compreensão.

5. La boulangerie se trouve première rue à gauche, à côté de l'école.

    A A padaria fica na primeira à esquerda, ao lado da escola.

    B A padaria fica na primeira esquerda, ao lado da escola.

6. Monsieur Artur est courtois avec tout le monde.

    A O senhor Artur é cavalheiro com toda a gente.

    B O senhor Artur é cavalheiro com toda a mundo.

41

Module 4
VOCABULÁRIO

Verbes

estar *être*

nós estamos	*nous sommes*
vocês estão	*vous êtes*
eles/elas estão	*ils/elles sont*

pensar *penser*

eu penso	*je pense*
tu pensas	*tu penses*
ele/ela/você pensa	*il/elle pense, vous pensez*
nós pensamos	*nous pensons*
vocês pensam	*vous pensez*
eles/elas pensam	*ils/elles pensent*

agradecer *remercier*

eu agradeço	*je remercie*
tu agradeces	*tu remercies*
ele/ela/você agradece	*il/elle remercie, vous remerciez*
nós agradecemos	*nous remercions*
vocês agradecem	*vous remerciez*
eles/elas agradecem	*ils/elles remercient*

Module 4
VOCABULÁRIO

Locutions prépositionnelles de lieu

atrás de	*derrière*
à frente de	*devant*
debaixo de	*sous, en dessous de*
em cima de	*sur, au-dessus de*
ao lado de	*à côté de*
dentro de	*à l'intérieur de*

Locutions / Phrases essentielles

desculpe	*excusez-moi, pardon*
Importa-se de…?	*Ça vous dérangerait de… ?*
se faz favor	*s'il vous plaît*
Obrigado!	*Merci !*
agradecer por	*remercier de*

Module 4
SOLUÇÕES

As bases

PAGE 35 – S'excuser
1 **A** 2 **B** 3 **B**
1 **A** 2 **A** 3 **B**

VOTRE SCORE :

PAGES 35-36 – Demander une faveur
1 **B** 2 **B** 3 **A** 4 **B** 5 **B**

PAGE 36 – Remercier quelqu'un pour sa courtoisie
1 **B** 2 **A** 3 **A** 4 **A** 5 **B** 6 **B**

PAGE 37 – Prendre congé
1 **B** 2 **A** 3 **B** 4 **A** 5 **A**

PAGE 37 – Les nombres ordinaux
1 **B** 2 **A** 3 **A** 4 **A** 5 **B**

PAGES 38-39 – Les locutions prépositionnelles de lieu
1 **A** 2 **B** 3 **A** 4 **A** 5 **A**
1 **A** 2 **B** 3 **A** 4 **A** 5 **B**

PAGE 39 – Les verbes réguliers du premier (**-ar**) et du deuxième (**-er**) groupes
1 **A** 2 **B** 3 **B** 4 **A** 5 **B** 6 **A** 7 **B** 8 **B**

PAGE 40 – Le verbe irrégulier **estar**
1 **A** 2 **B** 3 **B** 4 **B** 5 **B**

PAGES 40-41 – Un peu de traduction
1 **B** 2 **B** 3 **A** 4 **B** 5 **A** 6 **A**

Vous avez obtenu entre 0 et 14 ? Oups ! Il faut revoir les bases.

Vous avez obtenu entre 15 et 30 ? Moyen. Un peu plus d'effort.

Vous avez obtenu entre 31 et 45 ? Pas mal du tout ! Continuez.

Vous avez obtenu 46 et plus ? Parabéns! *Félicitations !* Vous êtes sur la bonne voie.

Module 5
AS BASES

Focus — Présenter quelqu'un

Répondez à la présentation.

Corrigé page 53

1. Esta é a Beatriz.

   A Olá Beatriz. Muito prazer!   **B** Prazer em conhecê-lo.

2. Queria apresentar-lhe o meu colega.

   A Muito gosto!   **B** Prazer em conhecê-la.

3. Tenho o prazer de lhe apresentar a Dra. Fernanda Silva.

   A Prazer em conhecê-lo.   **B** Prazer em conhecê-la.

4. Tenho a honra de lhe apresentar o Sr. Embaixador de Portugal em França.

   A É um grande prazer, Sr. Embaixador.   **B** Olá, Sr. Embaixador!

5. Apresento-te o meu amigo Paulo.

   A Muito bem!   **B** Prazer!

Astuce Le niveau de formalité détermine la façon dont on présente la personne et la réaction de celui qui est présenté.

Focus — Lancer une invitation

Choisissez la bonne option.

1. ... assistir ao ensaio da tuna académica?

   A Queres   **B** Gostavas

2. ... de experimentar um restaurante novo?

   A Queres   **B** Gostavas

Module 5
AS BASES

3. Sr. Dionísio, ... de começar já a reunião?
   - **A** gostarias
   - **B** gostaria

4. ... ir a um concerto da Ana Moura no coliseu?
   - **A** Querem
   - **B** Quero

5. Dona Marta, ... beber um café comigo logo à tarde?
   - **A** queres
   - **B** quer

Focus Accepter et refuser une invitation

Choisissez l'option correcte.

Corrigé page 53

1. ... que sim, vamos lá!
   - **A** Claro
   - **B** Está bem

2. Com certeza, ... imenso!
   - **A** gostava
   - **B** gosta

3. ... muito mas não posso.
   - **A** Desculpa
   - **B** Gostaria

4. Sim, muito ...
   - **A** desculpa.
   - **B** obrigado.

5. ... , mas infelizmente não posso.
   - **A** Desculpe
   - **B** Está bem

Module 5
AS BASES

Focus — Les démonstratifs variables

Choisissez le démonstratif adéquat.

Corrigé page 53

1. ... cursos são muito exigentes.
   - **A** Aqueles
   - **B** Esse
   - **C** Esta

2. Às vezes compramos ... revistas de atualidade.
   - **A** essas
   - **B** estes
   - **C** aquele

3. ... convite é surpreendente.
   - **A** Esse
   - **B** Aquela
   - **C** Estes

4. ... universidade está em greve.
   - **A** Esta
   - **B** Essas
   - **C** Aquele

5. ... livro é meu.
   - **A** Aquela
   - **B** Este
   - **C** Esses

6. ... guitarras são suas?
   - **A** Esta
   - **B** Essas
   - **C** Aqueles

Focus — Les adverbes de lieu

Choisissez la bonne combinaison.

1. O casaco está aí? Sim, está ...
   - **A** aqui.
   - **B** aí.

2. Um dia quero beber uma caipirinha ... no Brasil.
   - **A** cá
   - **B** lá

Module 5
AS BASES

Corrigé page 53

3. Queres ler este livro aqui ou aquele ali? Prefiro esse …

   A aqui.   **B** aí.

4. Tem aí em casa um piano? Não, … em casa não tenho nenhum piano.

   A aí   **B** aqui

5. Aquelas pessoas … ao fundo vão para o aeroporto.

   A aí   **B** ali

6. Estes gatos moram … comigo há muito tempo.

   A cá   **B** ali

Focus Les démonstratifs variables + adverbes de lieu

Faites correspondre chaque démonstratif à l'adverbe correspondant.

1. Estas …

   A aqui.   **B** aí.   **C** ali.

2. Esse …

   A aqui.   **B** aí.   **C** ali.

3. Este …

   A cá.   **B** aí.   **C** lá.

4. Aquela …

   A aqui.   **B** aí.   **C** ali.

5. Aqueles …

   A cá.   **B** aí.   **C** lá.

Module 5
AS BASES

Focus Verbes réguliers du troisième groupe (*-ir*)

Sélectionnez la bonne forme conjuguée.

Corrigé page 53

1. Eu ...a porta do carro.
   - **A** abre
   - **B** abro

2. A tuna universitária ...o concerto.
   - **A** abrem
   - **B** abre

3. Eles ... muito dos colegas.
   - **A** exigimos
   - **B** exigem

4. Tu não ... fatura?
   - **A** exige
   - **B** exiges

5. A televisão ...-me bastante.
   - **A** distrai
   - **B** distraio

6. ... juntos ao ensaio?
   - **A** Assistes
   - **B** Assistimos

Répondez aux questions.

1. Abres a janela, por favor?
   - **A** Abro.
   - **B** Abre.

2. Os amigos exigem atenção?
   - **A** Exijo.
   - **B** Exigem.

3. A música distrai a Verónica?
   - **A** Distraio.
   - **B** Distrai.

Module 5
AS BASES

4. O fado exige silêncio?

   A Exigem.   **B** Exige.

5. Eles assistem à reunião?

   A Assitimos.   **B** Assistem.

Focus Les verbes irréguliers *querer* et *ir*

Quelle est la réponse adaptée ?

Corrigé page 53

1. O espetáculo vai valer a pena?

   A Vai.   **B** Vou.

2. Querem ir comigo?

   A Quero.   **B** Queremos.

3. Vão todos os dias?

   A Vou.   **B** Vamos.

4. Queres ver um filme?

   A Quero.   **B** Quer.

5. Vais de férias hoje?

   A Vai.   **B** Vou.

6. A tua irmã quer ir connosco?

   A Querem.   **B** Quer.

Module 5
VOCABULÁRIO

Verbes

abrir *ouvrir*

eu abro	*j'ouvre*
tu abres	*tu ouvres*
ele/ela/você abre	*il/elle ouvre, vous ouvrez*
nós abrimos	*nous ouvrons*
vocês abrem	*vous ouvrez*
eles/elas abrem	*ils/elles ouvrent*

querer *vouloir*

eu quero	*je veux*
tu queres	*tu veux*
ele/ela/você quer	*il/elle veut, vous voulez*
nós queremos	*nous voulons*
vocês querem	*vous voulez*
eles/elas querem	*ils/elles veulent*

ir *aller*

eu vou	*je vais*
tu vais	*tu vas*
ele/ela/você vai	*il/elle va, vous allez*
nós vamos	*nous allons*
vocês vão	*vous allez*
eles/elas vão	*ils/elles vont*

Module 5
VOCABULÁRIO

Les démonstratifs variables

este, **esta**, **estes**, **estas**	*ce ...-ci, cette ...-ci, ces ...-ci / celui-ci, celle-ci, ceux-ci, celles-ci*
esse, **essa**, **esses**, **essas**	*ce ...-là, cette ...-là, ces ...-là / celui-là, celle-là, ceux-là, celles-là*
equele, **aquela**, **aqueles**, **aquelas**	*ce ...-là, cette ...-là, ces ...-là / celui-là, celle-là, ceux-là, celles-là*

Adverbes de lieu

aqui, **cá**	*ici* (un point proche de moi, où je suis)
aí	*là* (un point proche de l'interlocuteur)
ali, **lá**	*là-bas* (désigne un point éloigné des deux)

Locutions / Phrases essentielles

Queria apresentar-lhe...	*Je voudrais vous présenter...*
Tenho o prazer de lhe apresentar...	*J'ai le plaisir de vous présenter...*
É um (grande) prazer.	*C'est un (grand) plaisir.*
Muito prazer em conhecê-lo/la	*C'est un plaisir de vous rencontrer.*
Prazer.	*Au plaisir.*
olá	*salut*
Queres ...?	*Veux-tu... ?*
Gostavas de ...?	*Aimerais-tu ... ?*
Gostarias de ...?	*Aimerais-tu... ?*
Está bem!	*D'accord !*
Com certeza! Claro!	*Bien sûr !*
Muito obrigado/a!	*Merci beaucoup !*
Desculpa, mas não posso!	*Excuse-moi, mais je ne peux pas.*

Module 5
SOLUÇÕES

As bases

VOTRE SCORE :

PAGE 45 – Présenter quelqu'un
1 **A** 2 **A** 3 **B** 4 **A** 5 **B**

PAGES 45-46 – Lancer une invitation
1 **A** 2 **B** 3 **B** 4 **A** 5 **B**

PAGE 46 – Accepter et refuser une invitation
1 **A** 2 **A** 3 **B** 4 **B** 5 **A**

PAGES 47 – Les démonstratifs variables
1 **A** 2 **A** 3 **A** 4 **C** 5 **B** 6 **B**

PAGES 47-48 – Les adverbes le lieu
1 **A** 2 **B** 3 **B** 4 **B** 5 **B** 6 **A**

PAGE 48 – Les démonstratifs variables + adverbes de lieu
1 **A** 2 **B** 3 **A** 4 **C** 5 **C**

PAGES 49-50 – Verbes réguliers du troisième groupe (**-ir**)
1 **B** 2 **B** 3 **B** 4 **B** 5 **A** 6 **B**
1 **A** 2 **B** 3 **B** 4 **B** 5 **B**

PAGE 50 – Les verbes irréguliers **querer** et **ir**
1 **A** 2 **B** 3 **B** 4 **A** 5 **B** 6 **B**

Vous avez obtenu entre 0 et 12 ? Oups ! Il faut revoir les bases.
Vous avez obtenu entre 13 et 25 ? Moyen. Un peu plus d'effort.
Vous avez obtenu entre 26 et 38 ? Pas mal du tout ! Continuez.
Vous avez obtenu 39 et plus ? Parabéns! *Félicitations !* Vous êtes sur la bonne voie.

Module 6
AS BASES

Focus Demander à quelqu'un ce qu'il/elle est en train de faire

Sélectionnez la question correspondant à la réponse proposée.

Corrigé page 62

1. Não, estou lendo um livro.
   - **A** O que é que estás fazendo?
   - **B** Está a ler uma revista?

2. Estão, andam lá fora no jardim.
   - **A** Os teus filhos estão em casa?
   - **B** O teu filho está em casa?

3. Estou a enviar um e-mail.
   - **A** O que é que estão a fazer no computador?
   - **B** O que é que estás a fazer no computador?

4. Não, só estão a trabalhar a tempo parcial.
   - **A** Estão a trabalhar a tempo inteiro?
   - **B** Estás a trabalhar a tempo inteiro?

5. Infelizmente estou desempregado.
   - **A** O que está a fazer atualmente?
   - **B** Está a fazer atualmente ?

Astuce **Estar a** (présent de l'indicatif) + verbe à l'infinitif (ex. **estou a escrever**) indique décrit une action qui se déroule dans le moment présent. **Estar** + gérondif (**estou escrevendo**) exprime la même notion et est plutôt employé dans le sud du Portugal et au Brésil.

Module 6
AS BASES

Focus Dire ce que l'on est en train de faire

Répondez.

Corrigé page 62

1. Pareces bastante ocupado...

   A Sim, é chato.

   B É verdade! Estou a enviar currículos.

2. Estão com pressa?

   A Sim, estamos a acabar um trabalho.

   B Sim, estás a acabar um trabalho.

3. A sua chefe pode propor-me uma data para a reunião?

   A Noutro dia porque hoje está a cuidar do filho.

   B Noutro dia porque hoje estás a procurar o filho.

4. Consegues chegar à farmácia antes de fechar?

   A Penso que sim, já estou a caminho.

   B Penso que sim, ainda estou longe.

5. O que é que estás a fazer?

   A Está comendo cerejas no quintal.

   B Estou a comer cerejas no quintal.

Focus Exprimer un souhait

Choisissez la forme du verbe qui convient.

1. Como eu ... de encontrar um trabalho menos chato.

   A gostava   **B** gosto

Module 6
AS BASES

2. ... de lhe propor um trabalho a tempo parcial.

   A Gosto   **B** Gostaria

3. ... imenso de viajar juntos pela Europa.

   A Gostarias   **B** Gostaríamos

4. Como eles ... de ter um quintal com árvores de fruto.

   A gostariam   **B** queriam

5. ... tanto trabalhar mais perto de casa.

   A Gostaria   **B** Queria

Astuce Au Portugal, l'imparfait (**gostava**) est plus employé pour exprimer un souhait que le conditionnel (**gostaria**) qui est plus formel et plus courant au Brésil.

Focus Encourager quelqu'un

Complétez les phrases.

Corrigé page 62

1. Vamos lá! Não podes ...

   A procurar.   **B** desanimar.

2. Força! Tens de continuar a ...

   A procurar.   **B** abraçar.

3. Não desesperem! Parece difícil mas vocês vão ...

   A desistir.   **B** conseguir.

4. Coragem! Vais acabar por ...

   A encontrar.   **B** despachar.

5. Não podes ...!

   A acabar.   **B** desanimar.

Module 6
AS BASES

Focus Transmettre des salutations

Complétez.

Corrigé page 62

1. Dá ... à tua irmã.

   A um beijo **B** beijo

2. Dê um grande ... ao seu pai.

   A abraço **B** braço

3. ... a todos!

   A Beijar **B** Beijinhos

4. ... a todos!

   A Cumprimentar **B** Cumprimentos

5. Dê os meus ... à familia.

   A beijos **B** cumprimentos

Astuce Cumprimentos est une salutation plus formelle que **beijinhos**.

Focus Le déroulement de l'action (*estar a* + infinitif)

Choisissez l'option correcte.

1. Agora não posso falar, ... a conduzir.

   A estou **B** está

2. Nós ... ver a volta a Portugal em bicicleta.

   A estamos **B** estamos a

3. Atualmente a empresa ... a dar respostas aos currículos.

   A estamos **B** está

Module 6
AS BASES

4. ... a desanimar, acho que vou desistir.
   - **A** Estou
   - **B** Estás

5. Força, ... quase a conseguir!
   - **A** estou
   - **B** estás

Focus Les déterminants indéfinis

Choisissez le bon déterminant.

Corrigé page 62

1. Já não há ... frutos na árvore.
   - **A** alguns
   - **B** nenhuns

2. Já não há ... cerejas na cerejeira.
   - **A** algumas
   - **B** nenhumas

3. Atualmente temos ... trabalho.
   - **A** muita
   - **B** pouco

4. Temos ... oliveiras.
   - **A** muitas
   - **B** poucos

5. Parece mentira, há ... frutos este ano!
   - **A** tantos
   - **B** todos

6. Os pássaros comem as cerejas ...
   - **A** tantas.
   - **B** todas.

7. Dá cá ... beijinho.
   - **A** algum
   - **B** outro

Module 6
AS BASES

Focus — Les verbes irréguliers *poder* et *dar* au présent de l'indicatif

Choisissez la bonne forme conjuguée du verbe.

1. A Andreia nunca ... presentes.
   - **A** dá
   - **B** dás

2. ... fechar a porta, por favor ?
   - **A** Podes
   - **B** Posso

3. ...-me um abraço ?
   - **A** Dou
   - **B** Dás

4. Tem tempo, ... comer com calma.
   - **A** pode
   - **B** podem

5. ... beijinhos aos meus amigos.
   - **A** Dou
   - **B** Dás

6. Boa tarde. ... entrar ?
   - **A** Pode
   - **B** Posso

Corrigé page 62

Focus — Un peu de traduction

Comment traduire ?

1. Quelques pharmacies ferment leurs portes une demi-heure avant l'heure affichée.
   - **A** Algumas farmácias fecham as portas meia hora antes da hora indicada.
   - **B** Algumas farmácias fecham as suas portas uma meia hora depois da hora indicada.

Module 6
AS BASES

2. Bien sûr, je passe votre bonjour à mon mari.

   A É verdade, eu dou o seu bom dia ao meu marido.

   B Claro, eu dou os seus cumprimentos ao meu marido.

3. Tous les boulots sont intéressants.

   A Todos os trabalhos são interessantes.

   B Tudo os trabalhos são interessantes.

4. Nous sommes toujours au chômage.

   A Nós estamos sempre desempregados.

   B Ainda estamos desempregados.

5. Elle continue de chercher jusqu'à ce qu'elle trouve.

   A Ele continua à procura até que encontra.

   B Ela continua a procurar até encontrar.

Module 6
VOCABULÁRIO

Verbes

poder *pouvoir*

eu posso	*je peux*
tu podes	*tu peux*
ele/ela/você pode	*il/elle peut, vous pouvez*
nós podemos	*nous pouvons*
vocês podem	*vous pouvez*
eles/elas podem	*ils/elles peuvent*

dar *donner*

eu dou	*je donne*
tu dás	*tu donnes*
ele/ela/você dá	*il/elle donne, vous donnez*
nós damos	*nous donnons*
vocês dão	*vous donnez*
eles/elas dão	*ils/elles donnent*

Déterminants indéfinis

algum, alguma, alguns, algumas	*quelque* (m. et f.), *quelques-uns, quelques-unes*
nenhum, nenhuma, nenhuns, nenhumas	*aucun, aucune, aucuns, aucunes*
muito, muita, muitos, muitas	*beaucoup*
pouco, pouca, poucos, poucas	*peu*
tanto, tanta, tantos, tantas	*tant*
todo, toda, todos, todas	*tout, toute, tous, toutes*
outro, outra, outros, outras	*autre* (m. et f.), *autres* (m. et f.)

Module 6
SOLUÇÕES

As bases

PAGE 54 – Demander à quelqu'un ce qu'il/elle est en train de faire
1 **B** 2 **A** 3 **B** 4 **A** 5 **A**

PAGE 55 – Dire ce que l'on est en train de faire
1 **B** 2 **A** 3 **A** 4 **A** 5 **B**

PAGES 55-56 – Exprimer un souhait
1 **A** 2 **B** 3 **B** 4 **A** 5 **B**

PAGE 56 – Encourager quelqu'un
1 **B** 2 **A** 3 **B** 4 **A** 5 **B**

PAGE 57 – Transmettre des salutations
1 **A** 2 **A** 3 **B** 4 **B** 5 **B**

PAGES 57-58 – Le déroulement de l'action (**estar a** + infinitif)
1 **A** 2 **B** 3 **B** 4 **A** 5 **B**

PAGE 58 – Les déterminants indéfinis
1 **B** 2 **B** 3 **B** 4 **A** 5 **A** 6 **B** 7 **B**

PAGE 59 – Les verbes irréguliers **poder** et **dar** au présent de l'indicatif
1 **A** 2 **A** 3 **B** 4 **A** 5 **A** 6 **B**

PAGES 59-60 – Un peu de traduction
1 **A** 2 **B** 3 **A** 4 **B** 5 **B**

Vous avez obtenu entre 0 et 12 ? Oups ! Il faut revoir les bases.
Vous avez obtenu entre 13 et 25 ? Moyen. Un peu plus d'effort.
Vous avez obtenu entre 26 et 38 ? Pas mal du tout ! Continuez.
Vous avez obtenu 39 et plus ? Parabéns! *Félicitations !* Vous êtes sur la bonne voie.

Module 7
AS BASES

Focus Demander l'heure

Posez la question qui correspond à la réponse donnée.

Corrigé page 72

1. São duas em ponto.
   - **A** Que horas são?
   - **B** Que hora é?

2. Ainda não, são sete menos cinco.
   - **A** Já é sete horas?
   - **B** Já são sete horas?

3. Às quinze e vinte.
   - **A** A que hora é o voo para o Funchal?
   - **B** A que horas é o voo para o Funchal?

4. Hoje começo às oito.
   - **A** Começas o trabalho a que horas?
   - **B** Começas o trabalho a que hora?

5. Com certeza ! É meio-dia e um quarto.
   - **A** Pode dizer-me que horas são, por favor?
   - **B** Pode dizer-me que hora é, por favor?

> **Astuce** On demande l'heure au pluriel (**Que horas são?**) et on répond au pluriel (**São 10 horas**), sauf pour midi, minuit et une heure (du matin ou de l'après-midi) où on répond au singulier (**É meia noite**).

Module 7
AS BASES

Focus **Dire l'heure**

Quelle heure est-il ?

Corrigé page 72

1. 13h00
   - **A** São uma da tarde.
   - **B** É uma da tarde.

2. 2h30
   - **A** São duas e meia da manhã.
   - **B** São duas e meio da manhã.

3. 17h15
   - **A** São dezassete e quinze.
   - **B** É cinco e um quarto da tarde.

4. 21h41
   - **A** São nove e quarenta e um da tarde.
   - **B** São nove e quarenta e um da noite.

5. 9h45
   - **A** São dez menos quarto.
   - **B** São dez menos um quarto.

6. 12h05
   - **A** É meio dia e cinco.
   - **B** São meio dia e cinco.

7. 00h00
   - **A** É meia-noite.
   - **B** São meia-noite.

Focus **Se repérer dans la journée et dans la semaine**

Pour chaque expression, quel est l'équivalent ?

1. o fim de semana
   - **A** a sábado e a domingo
   - **B** o sábado e o domingo

Module 7
AS BASES

2. a semana
   - **A** de segundo a sexta
   - **B** de segunda a sexta

3. o primeiro dia da semana é ...
   - **A** segunda-feira
   - **B** sábado

4. o último dia da semana é...
   - **A** quinta-feira
   - **B** sexta-feira

5. depois de terça-feira é ...
   - **A** quinta-feira
   - **B** quarta-feira

6. de ... tomo o pequeno-almoço.
   - **A** manhã
   - **B** tarde

7. à ... jantamos no restaurante.
   - **A** tarde
   - **B** noite

8. à ... lanchamos.
   - **A** tarde
   - **B** noite

Focus La routine quotidienne

Complétez les phrases.

Corrigé page 72

1. Amanhã tenho de ... mais cedo.
   - **A** acordar
   - **B** levanto-me

2. Tomamos o ... às 7h30.
   - **A** pequeno-almoço
   - **B** almoço

Module 7
AS BASES

3. As crianças vão para ... às 8h.
   - **A** o trabalho
   - **B** a escola

4. Hoje tenho uma hora para ...
   - **A** almoçar.
   - **B** lanche.

5. Normalmente ... todos juntos.
   - **A** jantar
   - **B** jantamos

6. Nunca ... duche à noite, só de manhã.
   - **A** tomo
   - **B** tomar

7. Gosto de me ... cedo
   - **A** deito
   - **B** deitar

8. Precisamos de ... 7h, em média.
   - **A** dormir
   - **B** dormimos

Focus Exprimer l'habitude : *costumar* + infinitif

Choisissez la forme conjuguée correcte.

Corrigé page 72

1. ... tarde ao fim de semana?
   - **A** Costumo acordar
   - **B** Costumas acordar

2. ... o pequeno almoço em família.
   - **A** Costumas tomar
   - **B** Costumamos tomar

3. Eles ... banho de manhã.
   - **A** costuma tomar
   - **B** costumam tomar

Module 7
AS BASES

4. A Cláudia ... por volta do meio-dia.
   - **A** costumas almoçar
   - **B** costuma almoçar

5. Os meus primos ... futebol duas vezes por semana.
   - **A** costumamos jogar
   - **B** costumam jogar

6. Eu ... muito tarde ao sábado.
   - **A** costumo deitar-me
   - **B** costumo deito-me

Focus L'approximation : *por*, *por volta de*, *cerca de*

Choisissez une des options.

Corrigé page 72

1. ... das 8h saímos de casa.
   - **A** Por volta
   - **B** Pela

2. Almoço ... meio-dia.
   - **A** por volta
   - **B** pelo

3. Temos ... 30€ para comprar uma prenda.
   - **A** cerca de
   - **B** pelos

4. Há um bom filme ... da meia-noite e um quarto.
   - **A** por volta
   - **B** pela

5. O treino começa ... 10 horas.
   - **A** por volta
   - **B** pelas

6. A visita do museu acaba ... das cinco da tarde.
   - **A** por volta
   - **B** pelas

Module 7
AS BASES

Focus Les prépositions de temps *a* et *em*

Choisissez la bonne préposition.

Corrigé page 72

1. Estou ... trabalho até tarde.
   - **A** em
   - **B** no
   - **C** ao

2. ... seis da tarde vou embora.
   - **A** Em
   - **B** Nas
   - **C** Às

3. ... próximo fim de semana vamos viajar.
   - **A** Em
   - **B** No
   - **C** Ao

4. Adoro ler as notícias ... minha hora de almoço.
   - **A** em
   - **B** na
   - **C** à

5. ... quartas-feiras faço desporto.
   - **A** Em
   - **B** Na
   - **C** Às

6. ...fim do dia normalmente estou cansado.
   - **A** Em
   - **B** No
   - **C** À

7. ... casa tenho muitos livros.
   - **A** Em
   - **B** Na
   - **C** A

Astuce La préposition **a** se contracte avec les articles définis (**o, a, os, as**) et devient **ao, à, aos, às**. La forme contractée de la préposition **em** avec les articles définis est **no, na, nos, nas**.

Module 7
AS BASES

Focus Le verbe régulier *sair* et le verbe irrégulier *vir* au présent de l'indicatif

Conjuguez.

1. Vocês ... comigo ao museu do azulejo?

   A vem   **B** vêm

2. Eu hoje ... de casa mais cedo.

   A saio   **B** sai

3. A dona Judite também ...?

   A vem   **B** vens

4. Os alunos ... da escola às 17h.

   A sai   **B** saem

5. ... aqui sempre almoçar aos domingos.

   A Venho   **B** Vens

6. Nós ... bastante à noite para dançar.

   A saímos   **B** saem

Corrigé page 72

Focus Un peu de traduction

Comment traduire ?

1. Allez, dépêche-toi. Il est tard déjà.

   A Então, despacha-te. Já é tarde.

   B Então, despacha-tu. Ele já é tarde.

2. D'accord, tu pourras choisir le cadeau plus tard.

   A De acordo, podes escolher o presente.

   B Está bem, depois podes escolher o presente.

Module 7
AS BASES

3. Le match commence vers 20 h, n'est-ce pas ?

   Ⓐ O jogo começa às 20h, não é?

   Ⓑ O jogo começa por volta das 20h, não é?

4. Je dois lui envoyer un e-mail aujourd'hui, sans faute.

   Ⓐ Tenho de lhe enviar um e-mail hoje, sem falta.

   Ⓑ Tenho de enviar um e-mail hoje, sem falta.

Module 7
VOCABULÁRIO

La journée, la semaine

vir *venir*

eu venho	*je viens*
tu vens	*tu viens*
ele/ela/você vem	*il/elle vient, vous venez*
nós vimos	*nous venons*
vocês vêm	*vous venez*
eles vêm	*ils viennent*
de manhã	*le matin*
à tarde	*l'après-midi*
à noite	*le soir, la nuit*
segunda-feira	*lundi*
terça-feira	*mardi*
quarta-feira	*mercredi*
quinta-feira	*jeudi*
sexta-feira	*vendredi*
sábado	*samedi*
domingo	*dimanche*

Locutions / Phrases essentielles

Que horas são?	*Quelle heure est-il ?*
A que horas...?	*À quelle heure... ?*
São 10 horas.	*Il est 10 heures.*
É meia-noite.	*Il est minuit.*
... e um quarto	*... et quart*
... e meia	*... et demi*
... menos um quarto	*... moins le quart*
... em ponto	*... pile*

Module 7
SOLUÇÕES

As bases

PAGE 63 – Demander l'heure
1 **A** 2 **B** 3 **B** 4 **A** 5 **A**

PAGE 64 – Dire l'heure
1 **B** 2 **A** 3 **A** 4 **B** 5 **B** 6 **A** 7 **A**

PAGES 64-65 – Se repérer dans la journée et dans la semaine
1 **B** 2 **B** 3 **A** 4 **B** 5 **B** 6 **A** 7 **B** 8 **A**

PAGES 65-66 – La routine quotidienne
1 **A** 2 **A** 3 **B** 4 **A** 5 **B** 6 **A** 7 **B** 8 **A**

PAGES 66-67 – Exprimer l'habitude : **costumar** + infinitif
1 **B** 2 **B** 3 **B** 4 **B** 5 **B** 6 **A**

PAGE 67 – L'approximation : **por**, **por volta de**, **cerca de**
1 **A** 2 **B** 3 **A** 4 **A** 5 **B** 6 **A**

PAGE 68 – Les prépositions de temps **a** et **em**
1 **B** 2 **C** 3 **B** 4 **B** 5 **C** 6 **B** 7 **A**

PAGE 69 – Le verbe régulier **sair** et le verbe irrégulier **vir** au présent de l'indicatif
1 **B** 2 **A** 3 **A** 4 **B** 5 **A** 6 **A**

PAGES 69-70 – Un peu de traduction
1 **A** 2 **B** 3 **B** 4 **A**

Vous avez obtenu entre 0 et 14 ? Oups ! Il faut revoir les bases.
Vous avez obtenu entre 15 et 30 ? Moyen. Un peu plus d'effort.
Vous avez obtenu entre 31 et 45 ? Pas mal du tout ! Continuez.
Vous avez obtenu 46 et plus ? **Parabéns!** *Félicitations !* Vous êtes sur la bonne voie.

Module 8
AS BASES

Focus Exprimer ses goûts et habitudes alimentaires

Choisissez la bonne option.

1. Adoro sopa de …

   A feijão.   **B** almoço.

2. Preferimos peixe … em vez de frito.

   A grelhado   **B** vegetariano

3. Nunca temperamos a salada com óleo, é sempre com …

   A massa.   **B** azeite.

4. Ele não é vegetariano mas não come …

   A carne.   **B** feijão.

5. Não costumo comer arroz e …, só um acompanhamento.

   A batatas   **B** fritas

6. Habitualmente começo o … com uma sopa.

   A lanche.   **B** almoço.

7. Nem sempre temos tempo para …

   A pequeno-almoço.   **B** almoçar.

8. Vocês … muito tarde.

   A jantam   **B** o jantar

Module 8
AS BASES

Focus Un peu de traduction

Comment traduire ?

Corrigé page 82

1. La table est mise ! Venez dîner !

   A A mesa está posta! Venham almoçar!

   B A mesa está posta! Venham jantar!

2. Encore !?

   A Outra vez!?

   B Está bem!?

3. Il n'y a pas beaucoup de choix.

   A Há muita escolha.

   B Não há muita escolha.

4. Bien sûr que je sais !

   A Já sabemos!

   B É claro que sei!

5. Finalement, ce n'est pas si facile de cuisiner.

   A Afinal, cozinhar não é assim tão fácil.

   B Está bem, cozinhar não é assim tão fácil.

Module 8
VOCABULÁRIO

Verbes

saber *savoir*

eu sei	*je sais*
tu sabes	*tu sais*
ele/ela/você sabe	*il/elle sait, vous savez*
nós sabemos	*nous savons*
vocês sabem	*vous savez*
eles/elas sabem	*ils/elles savent*

fazer *faire*

eu faço	*je fais*
tu fazes	*tu fais*
ele/ela/você faz	*il/elle fait, vous faites*
nós fazemos	*nous faisons*
vocês fazem	*vous faites*
eles/elas fazem	*ils/elles font*

Les démonstratifs invariables

isto	*ça* (près de moi)
isso	*ça* (près de toi)
aquilo	*ça là-bas* (loin des interlocuteurs)

Module 8
SOLUÇÕES

As bases

PAGE 73 – Exprimer ses goûts et habitudes alimentaires
1 **A** 2 **A** 3 **B** 4 **A** 5 **A** 6 **B** 7 **B** 8 **A**

PAGE 74 – Demander poliment
1 **B** 2 **A** 3 **A** 4 **B** 5 **A**

PAGE 75 – Aller au marché
1 **B** 2 **A** 3 **B** 4 **A** 5 **B** 6 **B** 7 **A**

PAGES 75-76 – Les démonstratifs invariables
1 **B** 2 **A** 3 **B** 4 **A** 5 **B**
1 **A** 2 **A** 3 **A** 4 **B**

PAGES 76-78 – Le futur proche : **ir** + infinitif
1 **B** 2 **A** 3 **A** 4 **A** 5 **A**
1 **B** 2 **B** 3 **A** 4 **B**

PAGE 78 – Les verbes irréguliers **saber** et **fazer** au présent de l'indicatif
1 **B** 2 **B** 3 **A** 4 **A** 5 **B** 6 **A** 7 **A**

PAGE 79 – Un peu de vocabulaire
1 **A** 2 **A** 3 **B** 4 **A** 5 **B** 6 **A** 7 **B** 8 **A**

PAGE 80 – Un peu de traduction
1 **B** 2 **A** 3 **B** 4 **B** 5 **A**

Vous avez obtenu entre 0 et 14 ? Oups ! Il faut revoir les bases.

Vous avez obtenu entre 15 et 30 ? Moyen. Un peu plus d'effort.

Vous avez obtenu entre 31 et 45 ? Pas mal du tout ! Continuez.

Vous avez obtenu 46 et plus ? Parabéns! *Félicitations !* Vous êtes sur la bonne voie.

Module 9
AS BASES

Focus Inviter quelqu'un

Choisissez l'option qui convient.

Corrigé page 92

1. Vamos ... um fim de semana entre amigos para o mês que vem?
   - **A** organizar
   - **B** acompanhar

2. O que é que ... este domingo? Queria ir à praia.
   - **A** sabes
   - **B** fazes

3. Podes ... à festa da Vitória?
   - **A** acompanhar-me
   - **B** lamentar-me

4. Querem ir de ... connosco em julho para o Algarve?
   - **A** férias
   - **B** visitas

5. Há um novo parque de diversões aqui perto. É boa ideia ... lá no feriado, não é?
   - **A** ver
   - **B** ir

Focus Refuser une invitation

Complétez.

1. Este mês vais ser ...
   - **A** complicado.
   - **B** organizado.

Module 9
AS BASES

2. Pois, mas não ... mesmo este sábado.
   - **A** posso
   - **B** fico

3. Não estamos ... nessa data.
   - **A** disponível
   - **B** disponíveis

4. Já temos ... confirmadas para esse dia.
   - **A** semanas
   - **B** visitas

5. Não vai ser ...!
   - **A** atribulado
   - **B** fácil

Corrigé page 92

Choisissez la réponse correcte.

1. Tens tempo para beber um café?
   - **A** Agora é possível, mas rápido.
   - **B** Agora é impossível, estou com pressa.

2. Vamos ao cinema logo à noite?
   - **A** Não posso porque amanhã levanto-me cedo.
   - **B** Com muito gosto!

3. Vamos organizar uma viagem juntos?
   - **A** É complicado, este ano não tenho férias.
   - **B** É uma boa ideia, vamos a isso.

Module 9
AS BASES

4. Podes acompanhar-me à reunião de amanhã?
   - **A** Não posso, amanhã estou ocupada.
   - **B** Posso, estou disponível.

Focus Exprimer le regret

Choisissez l'expression correcte.

Corrigé page 92

1. Que ...! Esta semana não dá mesmo.
   - **A** pena
   - **B** lamento

2. ... muito, mas não vai ser possível.
   - **A** Desculpo
   - **B** Lamento

3. Temos ... , mas não podemos.
   - **A** pena
   - **B** razão

4. ... não vou conseguir.
   - **A** Lamento
   - **B** Infelizmente

5. Que ...! Tenho tanta pena.
   - **A** pena
   - **B** chatice

Module 9
AS BASES

Sélectionnez la bonne réponse.

1. Pode ficar a trabalhar até mais tarde?

   A Talvez …

   B Infelizmente, não. Estou muito cansada.

2. Querem ir comigo ao jogo de amanhã?

   A É uma boa ideia.

   B Lamento muito, mas amanhã já estamos ocupados.

3. Há um ótimo espetáculo logo à noite. Queres ir?

   A Que pena, hoje não vai ser possível.

   B Gostava! Ainda há bilhetes?

4. Podes ajudar-me a fazer as mudanças?

   A Infelizmente não posso.

   B Felizmente posso.

Focus Justifier un refus

Complétez les phrases avec l'option correcte.

1. É que já … coisas planeadas para essa altura.

   A ficam   **B** temos

2. Sabes, as férias já estão … há muito tempo.

   A organizadas   **B** complicadas

3. Ando bastante …, preciso de descansar.

   A cansado   **B** dececionado

Module 9
AS BASES

4. Estou ... com a qualidade do serviço.

   - **A** atribulado
   - **B** dececionado

5. A minha vida anda bastante ...

   - **A** atribulada.
   - **B** surpreendida.

6. Esta semana é impossível porque ando ..., de modo que preciso de recuperar.

   - **A** animada
   - **B** doente

7. No próximo mês vou estar mais disponível, ... por enquanto tenho visitas todas as semanas.

   - **A** pois
   - **B** Nem por isso

Focus Les mois

Choisissez le mois qui correspond à la description.

Corrigé page 92

1. Os meses mais cansativos são os últimos do ano: novembro e ...

   - **A** dezembro
   - **B** janeiro

2. A revolução dos cravos festeja-se em ...

   - **A** maio
   - **B** abril

3. Dia 1 de ... celebramos o dia do trabalhador.

   - **A** maio
   - **B** junho

4. ... é o mês das festas populares de norte a sul de Portugal.

   - **A** Julho
   - **B** Junho

5. O mês mais curto do ano é ...

   - **A** março
   - **B** fevereiro

Module 9
AS BASES

6. Em ... há o regresso às aulas.
   - A agosto
   - B setembro

7. Prefiro ir de férias em ... porque está mais calor.
   - A outubro
   - B agosto

Astuce A revolução dos cravos (*Révolution des Œillets*) désigne la révolution du 25 avril 1974 qui a mis fin à 48 ans de dictature au Portugal. C'est un jour férié national.

Focus Expressions de temps : *desde* et *há*

Parmi les deux réponses proposées, laquelle est correcte ?

Corrigé page 92

1. ... muito tempo que não vou à praia.
   - A Desde
   - B Há

2. Tenho aulas de zumba ... 2 anos.
   - A desde
   - B há

3. ... fevereiro que não vou ver um filme ao cinema.
   - A Desde
   - B Há

4. ... três meses que as férias no Gerês estão organizadas.
   - A Desde
   - B Há

5. ... quando se sente cansado?
   - A Desde
   - B Há

6. Os bilhetes estão reservados ... o final de janeiro.
   - A desde
   - B há

Module 9
AS BASES

7. ... vários meses que é complicado encontrar um espaço para eventos privados na região.

   A Desde   **B** Há

Astuce **Desde** indique le début d'une période de temps et peut se traduire par *depuis*. **Há** doit se traduire par *il y a*, correspond à la troisième personne singulier du verbe **haver** et s'utilise pour désigner une période de temps.

Focus Le verbe irrégulier *ver* au présent de l'indicatif

Conjuguez le verbe correctement.

Corrigé page 92

1. Eu ...que não vai ser fácil regressar ao trabalho.

   A vê   **B** vejo

2. ... há quanto tempo andas doente?

   A Vê   **B** Vês

3. A associação ... um ano atribulado.

   A prevejo   **B** prevê

4. ... perfeitamente que andas ocupada.

   A Vê-se   **B** Vejo-me

5. ... as tuas prioridades, andas sem tempo para descansar.

   A Revê   **B** Prevê

6. ... deixar esta casa no mês de outubro.

   A Prevemos   **B** Revemos

7. ... bem o filme desse lugar?

   A Veem   **B** Preveem

Module 9
AS BASES

Focus Un peu de traduction

Comment traduire ?

Corrigé page 92

1. Dommage, je ne peux vraiment pas t'accompagner.

   A Que pena, não posso mesmo acompanhar-te.

   B Que pena, não posso mesmo lamentar.

2. Pas tellement !

   A Nem por isso!

   B Lamento muito!

3. Je suis vraiment désolé !

   A É verdade!

   B Lamento muito!

4. Oui, tu as raison ! On va esssayer d'organiser quelque chose.

   A Sim, tens razão ! Vou tentar encontrar qualquer coisa.

   B Sim, tens razão! Vamos tentar organizar qualquer coisa.

Module 9
VOCABULÁRIO

Verbe

ver *voir*

eu vejo	*je vois*
tu vês	*tu vois*
ele/ela/você vê	*il/elle voit, vous voyez*
nós vemos	*nous voyons*
vocês veem	*vous voyez*
eles/elas veem	*ils/elles voient*

Les mois

janeiro	*janvier*
fevereiro	*février*
março	*mars*
abril	*avril*
maio	*mai*
junho	*juin*
julho	*juillet*
agosto	*aout*
setembro	*septembre*
outubro	*octobre*
novembro	*novembre*
dezembro	*décembre*

Module 9
SOLUÇÕES

As bases

PAGE 83 – Inviter quelqu'un
1 **A** 2 **B** 3 **A** 4 **A** 5 **B**

PAGES 83-85 – Refuser une invitation
1 **A** 2 **A** 3 **B** 4 **B** 5 **B**
1 **B** 2 **A** 3 **A** 4 **A**

PAGES 85-86 – Exprimer le regret
1 **A** 2 **B** 3 **A** 4 **B** 5 **B**
1 **B** 2 **B** 3 **A** 4 **A**

PAGES 86-87 – Justifier un refus
1 **B** 2 **A** 3 **A** 4 **B** 5 **A** 6 **B** 7 **A**

PAGES 87-88 – Les mois
1 **A** 2 **B** 3 **A** 4 **B** 5 **B** 6 **B** 7 **B**

PAGES 88-89 – Expressions de temps : **desde** et **há**
1 **B** 2 **B** 3 **A** 4 **B** 5 **A** 6 **A** 7 **B**

PAGE 89 – Le verbe irrégulier **ver** au présent de l'indicatif
1 **B** 2 **B** 3 **B** 4 **A** 5 **A** 6 **A** 7 **A**

PAGE 90 – Un peu de traduction
1 **A** 2 **A** 3 **B** 4 **B**

Vous avez obtenu entre 0 et 14 ? Oups ! Il faut revoir les bases.
Vous avez obtenu entre 15 et 30 ? Moyen. Un peu plus d'effort.
Vous avez obtenu entre 31 et 45 ? Pas mal du tout ! Continuez.
Vous avez obtenu 46 et plus ? Parabéns! *Félicitations !* Vous êtes sur la bonne voie.

Module 10
AS BASES

Focus   Exprimer la possibilité

Corrigé page 102

Choisissez l'expression correcte.

1. Quase todos os anos chove bastante em abril mas este ano ... não choveu.

    A ainda

    B talvez

2. A tia vai fazer aletria na Páscoa? ..., mas não tenho a certeza.

    A É possível

    B Rapidamente

3. Vocês voltam a reunir a família este verão?

    A Quase sempre.

    B Talvez sim, talvez não.

4. Achas que conseguem manter a tradição este ano?

    A Vamos ver.

    B Vamos quase.

5. As crianças vão ter muitos presentes este Natal?

    A Aonde.

    B Talvez.

Focus   Demander une confirmation

Choisissez le bon verbe.

1. A tua família é do Minho, não ...?

    A é   **B** são

Module 10
AS BASES

Corrigé page 102

2. Ninguém ... casa antes de terminar o que há para fazer.
   - **A** vais a
   - **B** vai para

3. A que horas é que vocês ... minha casa?
   - **A** vens para
   - **B** vêm à

4. Eles vão viver ... o Ribatejo.
   - **A** a
   - **B** para

5. Vou ... escola bem cedo por causa da greve.
   - **A** a
   - **B** para a

6. O senhor vai ... finanças primeiro?
   - **A** às
   - **B** para as

Astuce La distinction entre **ir a** et **ir para** se fait par la durée. **Ir a** s'emploie pour des situations où l'on ne reste pas longtemps et **ir para** pour des situations où l'on reste plus longtemps.

Focus Le pluriel des noms

Choisissez le bon pluriel.

1. Tenho um irmão e duas ...
   - **A** irmãs.
   - **B** irmãos.

Module 10
AS BASES

2. Conheces bem as ... portuguesas?
   - **A** tradição
   - **B** tradições

3. Para fazer essa receita é preciso comprar dois ...
   - **A** bacalhau.
   - **B** bacalhaus.

4. Costumávamos passar os ... na casa dos meus avós.
   - **A** Natais
   - **B** Natal

5. Os melhores ... são os da infância.
   - **A** verão
   - **B** verões

6. Tenho muitas ... felizes desse tempo.
   - **A** recordações
   - **B** recordação

Focus Les verbes réguliers des trois groupes à l'imparfait

Conjuguez les verbes correctement.

Corrigé page 102

1. Antigamente ... 9 horas, mas agora não consigo.
   - **A** dormia
   - **B** dormíamos

2. Às vezes ... pela casa dos nossos avós para lanchar.
   - **A** passávamos
   - **B** andavas

3. Quando andava na escola não ... dos meus objetivos rapidamente.
   - **A** desistias
   - **B** desistia

4. Eles ... mais peixe ou carne?
   - **A** comia
   - **B** comiam

5. Nas festas de família ... estar todos reunidos.
   - **A** conseguia
   - **B** conseguíamos

6. Tu ... muito sol no verão?
   - **A** apanhava
   - **B** apanhavas

Module 10
AS BASES

Focus Les verbes *estar* et *ir* à l'imparfait

Corrigé page 102

Choisisses le bon verbe.

1. Eu dantes ... mais com a família para o campo do que para a praia.

   A ia **B** íamos

2. ... a ajudar a tua prima a cozinhar?

   A Ias **B** Estavas

3. Normalmente ... de férias para o sul.

   A estávamos **B** íamos

4. Quando era criança ... horas na água até ter frio.

   A estava **B** ia

5. Uma vez, por causa de um caranguejo quase ... para o hospital.

   A estava **B** ia

Focus Un peu de traduction

Choisissez la phrase correcte.

1. C'est un bel endroit pour passer l'été.

   A É um belo sítio para passar verão.

   B É um belo sítio para passar o verão.

2. Dès qu'il me mordait, j'abandonnais.

   A Quando ele me mordia, eu desistia.

   B Desde que ele mordia, eu desistia.

3. Où alliez-vous, si pressés?

   A Onde estavam vocês tão apressados?

   B Aonde iam vocês com tanta pressa?

Module 10
AS BASES

4. Nous passions presque toujours Noël avec la famille de ma mère.

    A Passávamos quase sempre o Natal com a família da minha mãe.

    B Passamos quase sempre o Natal com a família da minha mãe.

5. Passer la moitié du temps dans le nord et l'autre moitié dans le sud a des avantages.

    A Passar a metade do tempo no norte e a outra metade no sul tem desvantagens.

    B Passar metade do tempo no norte e a outra metade no sul tem vantagens.

Module 10
VOCABULÁRIO

Verbes réguliers à l'imparfait

passar *passer*

eu passava	*je passais*
tu passavas	*tu passais*
ele/ela/você passava	*il/elle passait, vous passiez*
nós passávamos	*nous passions*
vocês passavam	*vous passiez*
eles/elas passavam	*ils/elles passaient*

morder *mordre*

eu mordia	*je mordais*
tu mordias	*tu mordais*
ele/ela/você mordia	*il/elle mordait, vous mordiez*
nós mordíamos	*nous mordions*
vocês mordiam	*vous mordiez*
eles/elas mordiam	*ils/elles mordaient*

desistir *abandonner*

eu desistia	*j'abandonnais*
tu desistias	*tu abandonnais*
ele/ela/você desistia	*il/elle abandonnait, vous abandonniez*
nós desistíamos	*nous abandonnions*
vocês desistiam	*vous abandonniez*
eles/elas desistiam	*ils/elles abandonnaient*

Module 10
VOCABULÁRIO

Verbes irréguliers à l'imparfait

estar *être*

eu era	*j'étais*
tu eras	*tu étais*
ele/ela/você era	*il/elle était, vous étiez*
nós éramos	*nous étions*
vocês eram	*vous étiez*
eles/elas eram	*ils/elles étaient*

ir *aller*

eu ia	*j'allais*
tu ias	*tu allais*
ele/ela/você ia	*il/elle allait, vous alliez*
nós íamos	*nous allions*
vocês iam	*vous alliez*
eles/elas iam	*ils/elles allaient*

Locutions / Phrases essentielles

talvez	*peut-être*
Talvez vá.	*J'irai peut-être.*
..., não é?	*..., n'est-ce pas ?*
..., não são? (pluriel)	*..., n'est-ce pas ?*

Module 10
SOLUÇÕES

As bases

VOTRE SCORE :

PAGE 93 – Exprimer la possibilité
1 **A** 2 **A** 3 **B** 4 **A** 5 **B**

PAGES 93-94 – Demander une confirmation
1 **A** 2 **A** 3 **B** 4 **B** 5 **A** 6 **B**

PAGE 94 – Décrire des actions habituelles dans le passé
1 **A** 2 **B** 3 **A** 4 **B** 5 **B**

PAGE 95 – Les fêtes
1 **A** 2 **B** 3 **B** 4 **B** 5 **B**

PAGES 95-96 – Ir a vs **ir para**
1 **A** 2 **B** 3 **B** 4 **B** 5 **B** 6 **A**

PAGES 96-97 – Le pluriel des noms
1 **A** 2 **B** 3 **B** 4 **A** 5 **B** 6 **A**

PAGE 97 – Les verbes réguliers des trois groupes à l'imparfait
1 **A** 2 **A** 3 **B** 4 **B** 5 **B** 6 **B**

PAGE 98 – Les verbes **estar** et **ir** à l'imparfait
1 **A** 2 **B** 3 **B** 4 **A** 5 **B**

PAGES 98-99 – Un peu de traduction
1 **B** 2 **A** 3 **B** 4 **A** 5 **B**

Vous avez obtenu entre 0 et 12 ? Oups ! Il faut revoir les bases.

Vous avez obtenu entre 13 et 25 ? Moyen. Un peu plus d'effort.

Vous avez obtenu entre 26 et 38 ? Pas mal du tout ! Continuez.

Vous avez obtenu 39 et plus ? Parabéns! *Félicitations !* Vous êtes sur la bonne voie.

Module 11
AS BASES

Focus Les parties du corps

Corrigé page 111

Complétez les phrases suivantes.

1. Ela tem cabelo …
   - **A** louro.
   - **B** morena.
   - **C** musculado.

2. O Jorge tinha …
   - **A** bicudo.
   - **B** liso.
   - **C** bigode.

3. O nariz da minha avó é …
   - **A** musculada.
   - **B** bigode.
   - **C** bicudo.

4. Prefiro ter cabelo liso e …
   - **A** comprido.
   - **B** encaracolada.
   - **C** alta.

5. Sou baixa e …
   - **A** alto.
   - **B** magra.
   - **C** pernas.

6. Tenho os … pretos.
   - **A** nariz
   - **B** braço
   - **C** olhos

7. Quando eras jovem, eras … ou magro?
   - **A** gordo
   - **B** barba
   - **C** morena

> **Astuce** Pour parler des *cheveux*, on emploie souvent le singulier (**o cabelo**), même si ceci qualifie l'ensemble de la chevelure.

Focus Les couleurs

Choisissez la bonne forme de la couleur.

1. A avó tem olhos …
   - **A** azul.
   - **B** azuis.

Module 11
AS BASES

Corrigé page 111

2. O meu irmão tem cabelo ... como eu.
   - **A** preta
   - **B** castanho

3. Antigamente ele tinha barba ...
   - **A** castanho.
   - **B** castanha.

4. Que lindos olhos ...
   - **A** verdes!
   - **B** verde!

5. O cabelo dela é ... e liso.
   - **A** pretos
   - **B** preto

Singulier, pluriel, masculin ou féminin ?

1. O cabelo dele é preto e os olhos são ...
   - **A** castanho.
   - **B** castanhos.

2. Elas têm o cabelo castanho ou ...?
   - **A** preto
   - **B** pretos

3. As árvores são ...
   - **A** verde.
   - **B** verdes.

4. Hoje o céu está ...
   - **A** azul.
   - **B** azuis.

Focus — Décrire quelqu'un physiquement

Choisissez le bon adjectif.

1. Não é gordo, é ...
   - **A** « fininho ».
   - **B** baixa.

Module 11
AS BASES

2. A minha mãe era ... e magra.
   - **A** gorda
   - **B** alta

3. Toda a nossa família tem o nariz ...
   - **A** musculada.
   - **B** bicudo.

4. Quem pratica atletismo tem as pernas ...
   - **A** musculadas.
   - **B** musculada.

5. Gostava de ter as pernas ...
   - **A** compridas
   - **B** comprida

6. Ele tem cabelo louro e ...
   - **A** preta.
   - **B** encaracolado.

7. É loira? Não, é ...
   - **A** baixo.
   - **B** morena.

8. O meu irmão é alto e tem os braços ...
   - **A** musculados.
   - **B** bicudas.

Focus Exprimer la surprise

Choisissez l'expression empreinte de surprise.

Corrigé page 111

1. Agora pratico boxe.
   - **A** A sério?!
   - **B** Está bem!

2. A Daniela tem o cabelo azul.
   - **A** Não tem?!
   - **B** Não acredito!

Module 11
AS BASES

3. Quando eu era jovem tinha bigode.
   - **A** É difícil imaginar.
   - **B** Exatamente.

4. Fisicamente és muito parecida com a Amália Rodrigues.
   - **A** Outra vez?!
   - **B** A sério?!

5. O Mário tinha o cabelo preto, mas agora está loiro.
   - **A** Não acredito!
   - **B** Então, está bem.

Comment traduire ?

Corrigé page 111

1. A sério?!
   - **A** Sérieusement ?!
   - **B** Serait-il ?

2. Não acredito!
   - **A** On ne te croit pas !
   - **B** Je n'y crois pas !

3. Outra vez?!
   - **A** Encore ?!
   - **B** Une prochaine fois ?

4. É difícil imaginar!
   - **A** Il n'est pas difficile d'imaginer !
   - **B** Il est difficile d'imaginer!

Astuce Amália Rodigues, à la renommée internationale, surnommée « la reine du Fado », est la chanteuse qui a le plus popularisé ce chant dans le monde.

Module 11
AS BASES

Focus   Les adverbes : *tão* et *tanto*

Choisissez l'adverbe adéquat.

Corrigé page 111

1. Os meus olhos não são ... azuis como os do meu pai.
   - **A** tão
   - **B** tanto

2. És ... sonhadora!
   - **A** tão
   - **B** tanto

3. Gostam ... de boxe como de atletismo.
   - **A** tão
   - **B** tanto

4. As tuas pernas não são ... compridas como as minhas.
   - **A** tão
   - **B** tanto

5. Gosto ... dos festivais de verão que vou a todos!
   - **A** tão
   - **B** tanto

Focus   Les pronoms relatifs invariables

Choisissez le bon pronom.

1. O apartamento ... eu vivia é pequeno.
   - **A** que
   - **B** quem
   - **C** onde

2. Este é o festival de ... te falava.
   - **A** que
   - **B** quem
   - **C** onde

3. Gostava muito do restaurante ... almoçávamos antigamente.
   - **A** que
   - **B** quem
   - **C** onde

4. Quem é a senhora ... tem olhos azuis?
   - **A** que
   - **B** quem
   - **C** onde

5. Temos de decidir rapidamente com ... vamos passar férias.
   - **A** que
   - **B** quem
   - **C** onde

Module 11
AS BASES

6. A minha mãe é a única pessoa a ... dou presentes.
   - **A** que
   - **B** quem
   - **C** onde

7. Esta é a minha amiga ... pratica atletismo.
   - **A** que
   - **B** quem
   - **C** onde

Focus — Les verbes *ser*, *ter* et *vir* à l'imparfait

Sélectionnez la bonne forme conjuguée.

Corrigé page 111

1. Este retrato é de quando os meus pais ... jovens.
   - **A** tinham
   - **B** eram
   - **C** vinham

2. Ela não ... braços musculados.
   - **A** tinha
   - **B** eras
   - **C** vinham

3. A sério? Tu não ... connosco?
   - **A** tinha
   - **B** eram
   - **C** vinhas

4. Nós ... gordos, mas agora estamos mais magros.
   - **A** tínhamos
   - **B** éramos
   - **C** vinham

5. O meu avô ... um sonhador.
   - **A** tinham
   - **B** era
   - **C** vinhas

6. De onde ... ontem à noite?
   - **A** tinham
   - **B** eram
   - **C** vinham

7. Não acredito que ... bigode!
   - **A** tinhas
   - **B** eras
   - **C** vinhas

Module 11
AS BASES

Focus **Un peu de traduction**

Choisissez la traduction correcte.

Corrigé page 111

1. Le père de Tânia faisait tellement de boxe qu'il avait les bras musclés.

    A O pai da Tânia praticava tanto boxe que tinha os braços musculados.

    B O pai da Tânia praticava tão boxe que tinha o braço musculado.

2. L'université où nous étudions était près d'ici.

    A A universidade onde estudamos é perto daqui.

    B A universidade onde estudávamos era perto daqui.

3. Nous venions chaque année à ce festival quand nous étions étudiants.

    A Vínhamos cada ano a este festival quando era estudante.

    B Vínhamos todos os anos a este festival quando éramos estudantes.

4. L'amie avec qui je pratiquais de l'athlétisme avait les yeux bleus et les cheveux blonds.

    A A amiga com quem praticava atletismo vinha os olhos azuis e o cabelo preto.

    B A amiga com quem praticava atletismo tinha os olhos azuis e o cabelo loiro.

Module 11
VOCABULÁRIO

Verbes : L'imparfait de l'indicatif

ser *être*

eu era	*j'étais*
tu eras	*tu étais*
ele/ela/você era	*il/elle était, vous étiez*
nós éramos	*nous étions*
vocês eram	*vous étiez*
eles/elas eram	*ils/elles étaient*

ter *avoir*

eu tinha	*j'avais*
tu tinhas	*tu avais*
ele/ela/você tinha	*il/elle avait, vous aviez*
nós tínhamos	*nous avions*
vocês tinham	*vous aviez*
eles/elas tinham	*ils/elles avaient*

vir *venir*

eu vinha	*je venais*
tu vinhas	*tu venais*
ele/ela/você vinha	*il/elle venait, vous veniez*
nós vínhamos	*nous venions*
vocês vinham	*vous veniez*
eles/elas vinham	*ils/elles venaient*

Locutions / Phrases essentielles

tão	*si*
tanto	*tellement/tant*
A sério?!	*Sérieusement ?!*
Não acredito!	*Je n'y crois pas !*

Module 11
SOLUÇÕES

As bases

VOTRE SCORE :

PAGE 103 – Les parties du corps
1 **A** 2 **C** 3 **C** 4 **A** 5 **B** 6 **C** 7 **A**

PAGES 103-104 – Les couleurs
1 **B** 2 **B** 3 **B** 4 **A** 5 **B**
1 **B** 2 **A** 3 **B** 4 **A**

PAGES 104-105 – Décrire quelqu'un physiquement
1 **A** 2 **B** 3 **B** 4 **A** 5 **A** 6 **B** 7 **B** 8 **A**

PAGES 105-106 – Exprimer la surprise
1 **A** 2 **B** 3 **A** 4 **B** 5 **A**
1 **A** 2 **B** 3 **A** 4 **B**

PAGE 107 – Les adverbes : **tão** et **tanto**
1 **A** 2 **A** 3 **B** 4 **A** 5 **B**

PAGES 107-108 – Les pronoms relatifs invariables
1 **C** 2 **A** 3 **C** 4 **A** 5 **B** 6 **B** 7 **A**

PAGE 108 – Les verbes **ser**, **ter** et **vir** à l'imparfait
1 **B** 2 **A** 3 **C** 4 **B** 5 **B** 6 **C** 7 **A**

PAGE 109 – Un peu de traduction
1 **A** 2 **B** 3 **B** 4 **B**

Vous avez obtenu entre 0 et 14 ? Oups ! Il faut revoir les bases.

Vous avez obtenu entre 15 et 30 ? Moyen. Un peu plus d'effort.

Vous avez obtenu entre 31 et 45 ? Pas mal du tout ! Continuez.

Vous avez obtenu 46 et plus ? Parabéns! *Félicitations !* Vous êtes sur la bonne voie.

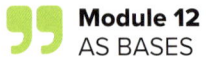

Module 12
AS BASES

Focus S'excuser

Choisissez la traduction correcte.

1. Excusez-moi de vous interrompre.
   - **A** Desculpa-me de interromper.
   - **B** Desculpe interromper.

2. Excusez ma curiosité.
   - **A** Desculpe a curiosidade.
   - **B** Desculpe o meu curiosidade.

3. C'est vrai, c'est embêtant. Excusez-moi !
   - **A** É verdade, é exato. Desculpe!
   - **B** É verdade, é chato. Desculpe!

4. Pardonnez-moi mais il faut travailler plus pour atteindre ses objectifs.
   - **A** Desculpe, mas deve trabalhar mais para ganhar os meus objetivos.
   - **B** Desculpe, mas deve trabalhar mais para alcançar os seus objetivos.

5. Excusez-moi, vous préférez l'étage inférieur ou supérieur du restaurant ?
   - **A** Desculpe, prefere o andar inferior ou superior do restaurante?
   - **B** Desculpe, prefere o andar melhor ou pior do restaurante?

Focus Être d'accord

Montrez que vous êtes d'accord.

1. A qualidade deste restaurante é superior, não é?
   - **A** Exato, é muito superior.
   - **B** Em contrapartida, é muito superior.

2. Vou afastar-me das pessoas preguiçosas.
   - **A** É chato.
   - **B** Faz bem.

Module 12
AS BASES

3. A sério, esta semana há um jackpot de 5 milhões de euros?
   - **A** Diferente.
   - **B** Exatamente.

4. Para se sentir realizado é preciso valorizar as pequenas coisas.
   - **A** Muito melhor!
   - **B** Tem razão!

5. O café está quente?
   - **A** Sim, está.
   - **B** Está pior.

Focus Faire un portrait moral

Complétez.

Corrigé page 120

1. Adorava aquela personagem porque era ...
   - **A** realizado.
   - **B** engraçada.

2. O meu irmão é inteligente, mas em contrapartida é muito ...
   - **A** teimoso.
   - **B** contrária.

3. Ela ajuda toda a gente, é muito ...
   - **A** atenciosa.
   - **B** preguiçoso.

4. Não têm sorte, mas são ...
   - **A** superior.
   - **B** trabalhadores.

5. Não és trabalhador, és ... !
   - **A** preguiçosa
   - **B** preguiçoso

6. Ele é teimoso e ...
   - **A** azar.
   - **B** chato.

7. Os meus amigos afastam o azar e atraem a sorte porque são ...
   - **A** positivos.
   - **B** diferente.

Module 12
AS BASES

Focus Comparer des personnes

Choisissez l'adjectif qui convient.

Corrigé page 120

1. A Júlia joga … futebol do que o Martim.
   - **A** maior
   - **B** melhor

2. Ele está mais … do que a colega porque está a conseguir alcançar os objetivos.
   - **A** chata
   - **B** contente

3. Ele é trabalhador mas cozinha … do que eu.
   - **A** pior
   - **B** menor

4. Sou mais … do que tu.
   - **A** teimosos
   - **B** teimosa

5. És uma pessoa com quem é … viver.
   - **A** fácil
   - **B** melhores

6. O Joel é … do que o Hugo.
   - **A** maior
   - **B** superiores

Focus Les signes astrologiques

Choisissez la bonne option pour compléter les phrases.

1. O meu signo é …
   - **A** contrário.
   - **B** sagitário.

2. Os signos de água são aquário e …
   - **A** peixes.
   - **B** leão.

3. Leão e … são signos fortes como os animais que lhes dão nome.
   - **A** escorpião
   - **B** virgem

4. As pessoas mais teimosas são de abril e maio, ou seja, carneiro e …
   - **A** capricórnio.
   - **B** touro.

Module 12
AS BASES

5. Sou … mas não tenho nenhum irmão gémeo.

   A gémeos   **B** balança

Focus — Le féminin des adjectifs

Choisissez la bonne forme de l'adjectif.

Corrigé page 120

1. Ele é trabalhador mas ela ainda é mais …

   A trabalhadora.   **B** trabalhador.

2. A Elsa é muito …

   A inteligenta.   **B** inteligente.

3. Vitória, és tão …

   A teimosa.   **B** teimose.

4. A escola nova é … do que a antiga.

   A melhora   **B** melhor

5. Ela é mais … do que ele.

   A atenciosa   **B** atencioso

6. A minha amiga não é nada …

   A preguiçosa.   **B** preguiçoso.

Focus — Les adjectifs au comparatif

Choisissez l'option correcte.

1. O touro é … teimoso como o carneiro.

   A mais   **B** tão

2. O Miguel é … sensível do que o André.

   A tão   **B** mais

3. Estudar matemática é … difícil como estudar química.

   A tão   **B** menos

Module 12
AS BASES

4. Esta sopa está ... quente do que aquela.
   - **A** menos
   - **B** tão

5. Neste aquário há ... peixes do que naquele.
   - **A** tão
   - **B** menos

6. O último filme deste ator é ... engraçado do que o primeiro.
   - **A** mais
   - **B** tão

Focus *por* et *para* : quelques emplois

Quelle est la préposition adéquate ?

1. Podes passar ... aqui?
   - **A** para
   - **B** por

2. Ficamos apenas ... duas semanas.
   - **A** para
   - **B** por

3. Tens de trabalhar mais ... alcançares os teus objetivos.
   - **A** para
   - **B** por

4. Obrigada ... me ajudares.
   - **A** para
   - **B** por

5. Há comboios ... o Porto?
   - **A** para
   - **B** por

6. Vamos de férias ... o Algarve.
   - **A** para
   - **B** por

7. Estou feliz ... te ver sorrir.
   - **A** para
   - **B** por

Corrigé page 120

Module 12
AS BASES

Focus L'infinitif personnel

Conjuguez le verbe à l'infinitif personnel.

Corrigé page 120

1. É melhor ... de férias no verão, não é?

    A irmos   **B** vamos

2. É importante ... os amigos.

    A valorizamos   **B** valorizares

3. Digo-te para ... positiva.

    A seres   **B** serem

4. É chato ... sempre a interromper a reunião.

    A estão   **B** estarem

5. Estamos contentes por ... os vossos objetivos.

    A alcançamos   **B** alcançarem

> **Astuce** L'infinitif personnel se conjugue en ajoutant à l'infinitif les terminaisons personnelles (**tu escolheres ; nós escolhermos ; vocês/eles/elas escolherem**).

Focus Un peu de traduction

Comment traduire ?

1. Excusez-moi de vous interrompre.

    A Desculpe escolher.

    B Desculpe interromper.

Module 12
AS BASES

2. Alors, il faut qu'on joue aussi. On ne sait jamais, si la chance nous sourit.

   A Então tenho de ganhar também. Nunca se sabe se a sorte me sorri.

   B Então temos de jogar também. Nunca se sabe se a sorte nos sorri.

3. Vous avez raison ! Cela ne coûte rien d'essayer.

   A Faz bem! Não custa nada tentar.

   B Que engraçado! Não custa nada tentar.

4. C'est embêtant d'être toujours en train de répéter ce qu'ils doivent faire.

   A É chato estar sempre a repetir o que eles têm de fazer.

   B É melhor estar sempre a repetir o que têm de fazer.

Corrigé page 120

Module 12
VOCABULÁRIO

Verbe : L'infinitif personnel

alcançar *atteindre*

> eu alcançar
>
> tu alcançares
>
> ele/ela/você alcançar
>
> nós alcançarmos
>
> eles/elas/vocês alcançarem

ser *être*

> eu ser
>
> tu seres
>
> ele/ela/você ser
>
> nós sermos
>
> eles/elas/vocês serem

Module 12
SOLUÇÕES

As bases

PAGE 112 – S'excuser
1 **B** 2 **A** 3 **B** 4 **B** 5 **A**

PAGES 112-113 – Être d'accord
1 **A** 2 **B** 3 **B** 4 **B** 5 **A**

PAGE 113 – Faire un portrait moral
1 **B** 2 **A** 3 **A** 4 **B** 5 **B** 6 **B** 7 **A**

PAGE 114 – Comparer des personnes
1 **B** 2 **B** 3 **A** 4 **B** 5 **A** 6 **A**

PAGES 114-115 – Les signes astrologiques
1 **B** 2 **A** 3 **A** 4 **B** 5 **A**

PAGE 115 – Le féminin des adjectifs
1 **A** 2 **B** 3 **A** 4 **B** 5 **A** 6 **A**

PAGES 115-116 – Les adjectifs au comparatif
1 **B** 2 **B** 3 **A** 4 **A** 5 **B** 6 **A**

PAGE 116 – **por** et **para** : quelques emplois
1 **B** 2 **B** 3 **A** 4 **B** 5 **A** 6 **A** 7 **B**

PAGE 117 – L'infinitif personnel
1 **A** 2 **B** 3 **A** 4 **B** 5 **B**

PAGES 117-118 – Un peu de traduction
1 **B** 2 **B** 3 **A** 4 **A**

Vous avez obtenu entre 0 et 14 ? Oups ! Il faut revoir les bases.

Vous avez obtenu entre 15 et 30 ? Moyen. Un peu plus d'effort.

Vous avez obtenu entre 31 et 45 ? Pas mal du tout ! Continuez.

Vous avez obtenu 46 et plus ? **Parabéns!** *Félicitations !* Vous êtes sur la bonne voie.

Module 13
AS BASES

Focus Exprimer ses préférences

Complétez.

Corrigé page 128

1. Muitas pessoas ... mais de viver na cidade do que no campo.
   - **A** gostam
   - **B** preferem

2. Nós ... a vida no campo.
   - **A** gostamos
   - **B** preferimos

3. ... mais viver no anonimato das grandes cidades.
   - **A** Me agrada
   - **B** Agrada-me

4. Não ... o trânsito.
   - **A** me agrada
   - **B** agrada-me

5. A Laura ... do barulho dos animais nas aldeias.
   - **A** prefere
   - **B** gosta

6. ... o ar puro do campo à poluição da cidade.
   - **A** Prefiro
   - **B** Gosto

Focus Donner son point de vue

Complétez les phrases.

1. O trânsito das cidades é o ... de suportar.
   - **A** menos
   - **B** pior

2. Uma das desvantagens da cidade é o ...
   - **A** poluição.
   - **B** barulho.

3. Viver ... numa aldeia é o menos agradável.
   - **A** sozinho
   - **B** conversa

4. O ... do vizinho a ladrar é o mais incomodativo.
   - **A** cão
   - **B** cães

Module 13
AS BASES

5. É melhor os vizinhos ...
   - **A** entrejudarem-se
   - **B** se entreajudarem

6. Nas vilas, ... tem tempo para uma conversa.
   - **A** o maior
   - **B** qualquer um

Focus Argumenter

Choisissez les expressions adéquates.

Corrigé page 128

1. ... no campo o ar é mais puro, mas prefiro a vida na cidade.
   - **A** É verdade que
   - **B** Tem razão

2. É melhor para a saúde não utilizar o elevador, ... prefiro utilizar.
   - **A** mesmo assim
   - **B** com certeza

3. ..., mas não me agrada ouvir cães a ladrar.
   - **A** No entanto
   - **B** Tem razão

4. ... viver na cidade tem muitas vantagens, mas para mim é pior do que viver no campo.
   - **A** É verdade
   - **B** De facto

5. ..., mas não me agrada viver numa aldeia.
   - **A** Com certeza
   - **B** No entanto

6. É maravilhoso, ... também há desvantagens.
   - **A** é verdade
   - **B** no entanto

Focus Formuler une hypothèse

Choisissez le verbe adéquat.

1. ... de viver numa pequena aldeia onde todas as pessoas se conhecem?
   - **A** Gostariam
   - **B** Suportariam

Module 13
AS BASES

2. ... capazes de viver no anonimato das cidades?

   A Suportaríamos   **B** Seríamos

3. Penso que o barulho do trânsito numa cidade ... pior para a audição do que vários cães a ladrar.

   A gostaria   **B** seria

4. Não ... comentários negativos e ter de agradar a todos.

   A suportaria   **B** gostaria

5. Qualquer um ... de aproveitar plenamente as vantagens da vida no campo sem perder o melhor da cidade.

   A gostaria   **B** suportaria

Focus Comparer

Choisissez le comparatif qui convient.

Corrigé page 128

1. A Câmara Municipal é ... do que a Junta de Frequesia.

   A menores   **B** maior

2. Na vila há ... barulho do que na cidade.

   A menos   **B** mais

3. O ar é ... puro no campo do que na cidade.

   A menos   **B** mais

4. O barulho do trânsito é ... para a audição do que o ladrar dos cães.

   A pior   **B** maior

5. Cumprimentar-se e entreajudar-se permite viver ... do que isolar-se.

   A melhor   **B** maior

Module 13
AS BASES

Focus Les pronoms personnels d'objet indirect

Répondez aux questions.

1. Agrada-vos a vida no campo?
   - **A** Agrada-nos.
   - **B** Agrada-lhes.

2. O barulho dos animais incomoda-te?
   - **A** Não, não me incomoda.
   - **B** Não, não incomoda-me.

3. A Verónica suporta esses comentários?
   - **A** Não, não agrada-lhe nada isso.
   - **B** Não, não lhe agrada nada isso.

4. Os vossos vizinhos cumprimentam-vos?
   - **A** Sim, nos cumprimentam sempre.
   - **B** Sim, cumprimentam-nos sempre.

5. O cão da Patrícia gosta dos vizinhos?
   - **A** Gosta, mas ladra-lhes muito.
   - **B** Gosta, mas lhes ladra muito.

Choisissez le complément qui convient.

1. Tu incomodas-... (eu) com esse barulho.
   - **A** me
   - **B** lhe

2. Não ... (tu) cumprimentei? Desculpa!
   - **A** vos
   - **B** te

Module 13
AS BASES

3. Não ... (elas) agrada nada acordar cedo.
   - **A** lhe
   - **B** lhes

4. O cão ladra-... (você) sempre?
   - **A** lhe
   - **B** se

Corrigé page 128

Focus Les adjectifs au superlatif relatif

Choisissez l'adjectif qui convient.

1. A poluição é o ... problema das cidades.
   - **A** maior
   - **B** mais

2. A minha Junta de Freguesia é a ... bonita da região.
   - **A** menos
   - **B** menor

3. O elevador dos meus vizinhos é o ... antigo da cidade.
   - **A** melhor
   - **B** mais

4. O ... de viver numa aldeia é suportar comentários pessoais.
   - **A** menos
   - **B** pior

5. O que ... me agrada nos meus vizinhos é a conversa fácil.
   - **A** mais
   - **B** melhor

Focus Le conditionnel présent des verbes *gostar* et *ser*

Sélectionnez la bonne forme conjuguée.

1. Onde é que vocês ... mais de viver?
   - **A** gostaria
   - **B** gostariam

2. Penso que nós ... mais felizes no campo.
   - **A** seria
   - **B** seríamos

Module 13
AS BASES

3. Os nossos amigos franceses ... de ir a Portugal este verão.
   - **A** gostariam
   - **B** gostaríamos

4. Eu não ... capaz de estar muito tempo sozinha.
   - **A** serias
   - **B** seria

5. Estou cansado, mas ... de aproveitar plenamente.
   - **A** gostariam
   - **B** gostaria

6. Tu não ... capaz de suportar o barulho dos vizinhos.
   - **A** serias
   - **B** seria

Focus Un peu de traduction

Choisissez la bonne traduction.

Corrigé page 128

1. Comment allez-vous ? – Comme ci, comme ça.
   - **A** Como vai? – Mais ou menos.
   - **B** Como vou? – Mais ou menos.

2. Qu'est-ce qui ne vous plaît pas à la campagne ?
   - **A** O que é que não lhe agrada na cidade?
   - **B** O que é que não lhe agrada no campo?

3. Il y a certainement des avantages, mais je préfère quand-même l'anonymat de la ville.
   - **A** Com certeza que há vantagens, mas mesmo assim prefiro o anonimato da cidade.
   - **B** Com certeza que há desvantagens, então prefiro o anonimato da cidade.

4. Pour nous, vous n'avez pas raison.
   - **A** Para nós, vocês não têm razão.
   - **B** Para mim, vocês não têm razão.

Module 13
VOCABULÁRIO

Verbes : Le conditionnel présent

gostar *aimer*

eu gostaria	*j'aimerais*
tu gostarias	*tu aimerais*
ele/ela/você gostaria	*il/elle aimerait, vous aimeriez*
nós gostaríamos	*nous aimerions*
vocês gostariam	*vous aimeriez*
eles/elas gostariam	*ils/elles aimeraient*

ser *être*

eu seria	*je serais*
tu serias	*tu serais*
ele/ela/você seria	*il/elle serait, vous seriez*
nós seríamos	*nous serions*
vocês seriam	*vous seriez*
eles/elas seriam	*ils/elles seraient*

Locutions / Phrases essentielles

de facto	*en effet*
é verdade	*c'est vrai*
com certeza	*certainement*
tem razão	*vous avez raison*
no entanto	*cependant*

Module 13
SOLUÇÕES

As bases

PAGE 121 – Exprimer ses préférences
1 **A** 2 **B** 3 **B** 4 **A** 5 **B** 6 **A**

PAGES 121-122 – Donner son point de vue
1 **B** 2 **B** 3 **A** 4 **A** 5 **A** 6 **B**

PAGE 122 – Argumenter
1 **A** 2 **A** 3 **B** 4 **B** 5 **A** 6 **B**

PAGES 122-123 – Formuler une hypothèse
1 **A** 2 **B** 3 **B** 4 **A** 5 **A**

PAGE 123 – Comparer
1 **B** 2 **A** 3 **B** 4 **A** 5 **A**

PAGES 124-125 – Les pronoms personnels complément d'objet indirect
1 **A** 2 **A** 3 **B** 4 **B** 5 **A**
1 **A** 2 **B** 3 **B** 4 **A**

PAGE 125 – Les adjectifs au superlatif relatif
1 **A** 2 **A** 3 **B** 4 **B** 5 **A**

PAGES 125-126 – Le conditionnel présent des verbes **gostar** et **ser**
1 **B** 2 **B** 3 **A** 4 **B** 5 **B** 6 **A**

PAGE 126 – Un peu de traduction
1 **A** 2 **B** 3 **A** 4 **B**

Vous avez obtenu entre 0 et 13 ? Oups ! Il faut revoir les bases.

Vous avez obtenu entre 14 et 30 ? Moyen. Un peu plus d'effort.

Vous avez obtenu entre 31 et 44 ? Pas mal du tout ! Continuez.

Vous avez obtenu 45 et plus ? Parabéns! *Félicitations !* Vous êtes sur la bonne voie.

Module 14
AS BASES

Focus Louer une maison

Choisissez l'option correcta.

Corrigé page 137

1. ... tem dois apartamentos no mesmo prédio.
   - **A** O senhorio
   - **B** Os arrendatários

2. O senhorio e ... têm uma ótima relação.
   - **A** o proprietário
   - **B** o arrendatário

3. O valor da ... aumenta todos os anos.
   - **A** despesa
   - **B** renda

4. A água e a luz estão incluídas no ...
   - **A** contrato de arrendamento.
   - **B** arrendatário.

5. ... gasta muito dinheiro.
   - **A** As despesas
   - **B** A administração do condomínio

6. ... não estão incluídas no contrato de arrendamento.
   - **A** As despesas
   - **B** A renda

7. A agência imobiliária exige dois meses de ...
   - **A** caução.
   - **B** senhorio.

Focus Les types d'habitation

Complétez ces phrases avec le nom de logement approprié.

1. Quantos quartos tem o teu ...?
   - **A** apartamento
   - **B** moradia

2. Vivo num ..., tenho dois quartos.
   - **A** T2
   - **B** T3

3. A ... do Júlio é perto do centro.
   - **A** moradia
   - **B** cozinha

4. Um ... é um estúdio.
   - **A** T1
   - **B** T0

Module 14
AS BASES

5. O preço de uma vivenda com garagem no centro da cidade é superior a <u>um milhão</u>.
   - **A** 1 000 000
   - **B** 1 000 000 000

6. Um ou <u>dois biliões</u> de euros é muitíssimo dinheiro.
   - **A** 2 000 000
   - **B** 2 000 000 000 000

Corrigé page 137

Sélectionnez le nombre qui correspond.

1. cento e dezasseis
   - **A** 116
   - **B** 106

2. setenta e nove
   - **A** 69
   - **B** 79

3. quinhentos e oitenta e dois
   - **A** 592
   - **B** 582

4. duzentos mil
   - **A** 200 000
   - **B** 200 100

Focus L'adjectif *tanto*

Choisissez la forme correcte.

1. É difícil suportar … despesas.
   - **A** tantas
   - **B** tantos

Module 14
AS BASES

2. O teu apartamento tem … quartos como a minha vivenda.
   - Ⓐ tantos
   - Ⓑ tantas

3. Não é possível gastarmos … dinheiro em água e luz.
   - Ⓐ tanta
   - Ⓑ tanto

4. Atualmente há … gente a arrendar casa como a comprar.
   - Ⓐ tanta
   - Ⓑ tanto

5. A agência imobiliária exige … requisitos para fazer um contrato de arrendamento!
   - Ⓐ tantos
   - Ⓑ tantas

6. São … apartamentos, mas estão em mau estado.
   - Ⓐ tantos
   - Ⓑ tantas

7. O senhorio exige … condições porque a casa é ótima.
   - Ⓐ tanta
   - Ⓑ tantas

Focus Les adjectifs au superlatif absolu

Sélectionnez l'adjectif qui convient.

Corrigé page 137

1. É um T3 com garagem e varanda. É …!
   - Ⓐ ótimo
   - Ⓑ péssima

2. A casa de banho é muito …
   - Ⓐ mau.
   - Ⓑ má.

3. Não é difícil encontrar casa, é …
   - Ⓐ dificílimo.
   - Ⓑ péssima.

4. Morar num estúdio é … para mim por causa do preço.
   - Ⓐ muito bom
   - Ⓑ muito má

5. Gostaria de assistir ao espetáculo porque é …
   - Ⓐ péssima.
   - Ⓑ interessantíssimo.

Module 14
AS BASES

Corrigé page 137

6. A localização da vivenda é …
   - **A** péssimo.
   - **B** péssima.

7. Com tantos requisitos é … encontrar uma moradia a um bom preço.
   - **A** muito bem
   - **B** muito difícil

Focus **Le conditionnel présent des verbes *dizer*, *fazer* et *trazer***

Sélectionnez la bonne forme conjuguée.

1. Não … que é impossível, mas é difícil.
   - **A** diria
   - **B** faria
   - **C** traria

2. Eles … o carro para aqui, mas há muito trânsito.
   - **A** diriam
   - **B** fariam
   - **C** trariam

3. … uma concessão na localização, mas não nas características.
   - **A** Diríamos
   - **B** Faríamos
   - **C** Traríamos

4. Vocês … bem em procurar anúncios numa agência imobiliária.
   - **A** diriam
   - **B** fariam
   - **C** trariam

5. Achava que o proprietário … o contrato de arrendamento, mas não.
   - **A** diria
   - **B** farias
   - **C** traria

6. … que a casa é nova? Eu não!
   - **A** Dirias
   - **B** Farias
   - **C** Trarias

Focus **Un peu de traduction**

Choisissez la traduction correcte.

1. Bonsoir. Asseyez-vous, s'il vous plaît.
   - **A** Bom dia. Sente-se, por favor.
   - **B** Boa tarde. Sente-se, por favor.

Module 14
AS BASES

2. En quoi puis-je vous aider *(dites alors)* ?
   - **A** Ora diga. Em que posso ajudá-lo?
   - **B** Volte sempre.

3. À vous aussi.
   - **A** Volte sempre.
   - **B** Para si, também.

4. C'est embêtant !
   - **A** Que caro!
   - **B** Que chato!

5. Au plaisir de vous revoir !
   - **A** Volte sempre!
   - **B** Está certo!

6. 550 euros, *(au)* maximum.
   - **A** 550 euros, no mínimo.
   - **B** 550 euros, no máximo.

Corrigé page 137

Module 14
VOCABULÁRIO

Verbes : Le conditionnel présent

dizer *dire*

eu diria	*je dirais*
tu dirias	*tu dirais*
ele/ela/você diria	*il/elle dirait, vous diriez*
nós diríamos	*nous dirions*
vocês diriam	*vous diriez*
eles/elas diriam	*ils/elles diraient*

fazer *faire*

eu faria	*je ferais*
tu farias	*tu ferais*
ele/ela/você faria	*il/elle ferait, vous feriez*
nós faríamos	*nous ferions*
vocês fariam	*vous feriez*
eles/elas fariam	*ils/elles feraient*

trazer *apporter, ramener, amener*

eu traria	*j'apporterais*
tu trarias	*tu apporterais*
ele/ela/você traria	*il/elle apporterait, vous apporteriez*
nós traríamos	*nous apporterions*
vocês trariam	*vous apporteriez*
eles/elas trariam	*ils/elles apporteraient*

Module 14
SOLUÇÕES

As bases

VOTRE SCORE :

PAGE 129 – Louer une maison
1 **A**   2 **B**   3 **B**   4 **A**   5 **B**   6 **A**   7 **A**

PAGES 129-130 – Les types d'habitation
1 **A**   2 **A**   3 **A**   4 **B**   5 **B**   6 **A**

PAGE 130 – Les pièces d'une habitation
1 **B**   2 **A**   3 **B**   4 **A**   5 **A**   6 **B**   7 **B**   8 **A**   9 **A**

PAGE 131 – Refuser et prendre congé
1 **B**   2 **A**   3 **B**   4 **B**   5 **B**

PAGES 131-132 – Compter jusqu'à 1 000 et plus
1 **A**   2 **A**   3 **B**   4 **B**   5 **A**   6 **B**
1 **A**   2 **B**   3 **B**   4 **A**

PAGES 132-133 – L'adjectif **tanto**
1 **A**   2 **A**   3 **B**   4 **A**   5 **A**   6 **A**   7 **B**

PAGES 133-134 – Les adjectifs au superlatif absolu
1 **A**   2 **B**   3 **A**   4 **A**   5 **B**   6 **B**   7 **B**

PAGE 134 – Le conditionnel présent des verbes **dizer**, **fazer** et **trazer**
1 **A**   2 **C**   3 **B**   4 **B**   5 **C**   6 **A**

PAGES 134-135 – Un peu de traduction
1 **B**   2 **A**   3 **B**   4 **B**   5 **A**   6 **B**

Vous avez obtenu entre 0 et 16 ? Oups ! Il faut revoir les bases.
Vous avez obtenu entre 17 et 33 ? Moyen. Un peu plus d'effort.
Vous avez obtenu entre 34 et 50 ? Pas mal du tout ! Continuez.
Vous avez obtenu 51 et plus ? Parabéns! *Félicitations !* Vous êtes sur la bonne voie.

Module 15
AS BASES

Focus Demander un avis

Complétez.

Corrigé page 146

1. ... que o sofá fica melhor aqui ou ali?
   - **A** Achas
   - **B** A tua opinião

2. ... da tua opinião sobre a festa de inauguração do apartamento.
   - **A** Acho
   - **B** Precisava

3. Vocês ... que a melhor divisão da casa é a cozinha ou a sala?
   - **A** acham
   - **B** opinião

4. Qual é a tua ... sobre estes móveis?
   - **A** opiniões
   - **B** opinião

5. ... de colocar as cadeiras e a mesa na sala?
   - **A** O que achas
   - **B** Achas

6. ... o móvel é muito pesado?
   - **A** O que achas
   - **B** Achas que

Focus Féliciter quelqu'un

Choisissez l'expression qui convient.

1. Compraste uma casa? ...
   - **A** Parabéns!
   - **B** Lamento!

2. ... pela festa de inauguração do apartamento.
   - **A** Dou-te os parabéns
   - **B** Já agora

Module 15
AS BASES

3. Antes de mais, desejo-te as maiores …

   A parabéns.   **B** felicidades.

4. … por conseguires alcançar os teus objetivos.

   A Lembro-te   **B** Felicito-te

5. …, está lindo!

   A Muitos parabéns   **B** Desculpa

Focus Les meubles d'une habitation

Choisissez le nom de meuble adéquat.

Corrigé page 146

1. Na sala de estar temos uma secretária e duas … com livros.

   A estantes   **B** armários

2. Ao lado da cama está uma …

   A banco.   **B** mesa de cabeceira.

3. Na cozinha há uma mesa com seis …

   A camas.   **B** cadeiras.

4. Mobilei a sala de jantar com uma mesa, cadeiras e um …

   A banco.   **B** secretária.

5. Os meus amigos ofereceram-me uma … linda para a sala de estar.

   A sofá   **B** cómoda

6. Comprei uma pequena … para ler o jornal na varanda.

   A mesa   **B** sofá

Module 15
AS BASES

Focus Exprimer l'impossibilité d'aider quelqu'un

Corrigé page 146

Complétez les phrases.

1. Se precisares de ... para colocar o móvel no segundo andar, eu não te posso ajudar.
   - **A** ajuda
   - **B** opinião

2. Amanhã à tarde é ... ir contigo comprar o sofá.
   - **A** disponível
   - **B** impossível

3. O armário pesa muito, ..., mas não vou poder ajudar-te.
   - **A** lamento
   - **B** depende

4. Não há elevador. É ...
   - **A** fácil.
   - **B** complicado.

5. O Óscar ... ajudar-me a arrumar a garagem.
   - **A** recusou
   - **B** aceitou

Focus S'excuser

Complétez les phrases.

1. Assim é .... Desculpa, mas não consigo.
   - **A** disponível
   - **B** complicado

2. ..., mas já tenho um compromisso.
   - **A** Dependo
   - **B** Lamento

3. Lamento, mas não vai ser mesmo ...
   - **A** possível.
   - **B** disponível.

Module 15
AS BASES

4. Amanhã não vou poder ajudar-te. ...

   A Obrigado.   **B** Desculpa.

5. ..., mas hoje não é possível.

   A Ajudo-te   **B** Desculpa

Focus Les interrogatifs

Complétez les questions à l'aide d'un interrogatif.

Corrigé page 146

1. ... é que não podes ajudar-me?

   A Porque   **B** Onde   **C** Que

2. De ... é esta cadeira?

   A quais   **B** onde   **C** quem

3. Em ... dia é a tua festa?

   A qual   **B** que   **C** quem

4. ... é o andar do teu apartamento?

   A Qual   **B** Que   **C** Porque

5. ... é que mudas de casa?

   A Que   **B** Quando   **C** Quem

6. Com ... vens à festa?

   A quem   **B** que   **C** quais

7. ... custou o teu sofá?

   A Qual   **B** Quando   **C** Quanto

Module 15
AS BASES

Complétez les questions à l'aide d'un interrogatif.

Corrigé page 146

1. ... bancos tens na cozinha?
   - **A** Quando
   - **B** Quantos
   - **C** Quanto

2. ... cadeiras tem a tua sala?
   - **A** Quantos
   - **B** Quanta
   - **C** Quantas

3. ... é que sobem para o segundo andar?
   - **A** Como
   - **B** Qual
   - **C** Que

4. ... vive a tua família?
   - **A** Quando
   - **B** Porque
   - **C** Onde

5. O ... é que compraste para decorar a sala?
   - **A** quanto
   - **B** qual
   - **C** que

6. ... são os melhores móveis para aqui?
   - **A** Quando
   - **B** Quais
   - **C** Qual

7. ... horas são?
   - **A** Qual
   - **B** Que
   - **C** Quais

8. ... é que vem ajudar-nos?
   - **A** Quem
   - **B** Qual
   - **C** Que

Focus Le *pretérito perfeito* des verbes réguliers en *-ar* et en *-er*

Sélectionnez la bonne forme au pretérito perfeito.

1. Eu ... uma mesa para a cozinha.
   - **A** comprou
   - **B** compraste
   - **C** comprei

Module 15
AS BASES

2. A avó ... um presente ao avô.

   A ofereceu **B** ofereceram **C** oferecemos

3. Eu ... ajuda ao meu amigo.

   A ofereci **B** ofereceu **C** oferecemos

4. Ele ...-me muito!

   A ajudei **B** ajudaste **C** ajudou

5. Já agora, vocês ... tudo dentro do armário?

   A arrumaste **B** arrumaram **C** arrumou

6. Elas ... da opinião dos outros, mas agora não dependem.

   A depende **B** dependes **C** depenederam

Répondez aux questions.

Corrigé page 146

1. Ofereceste o livro?

   A Ofereci. **B** Ofereceu.

2. Eles arrumaram o quarto?

   A Arrumámos. **B** Arrumaram.

3. Ela comprou a cadeira?

   A Compraram. **B** Comprou.

4. Dependeste dos teus pais?

   A Dependi. **B** Dependeu.

Module 15
AS BASES

Focus Un peu de traduction

Choisissez la bonne traduction.

Corrigé page 146

1. J'aurais besoin de ton avis pour savoir comment meubler mon nouvel appartement.

   A Precisava da tua opinião sobre como mobilar o meu novo apartamento.

   B Precisava da tua opinião sobre onde comprar o meu novo apartamento.

2. Tout d'abord, je te félicite pour cet achat.

   A Antes de mais, dou-te a minha opinião sobre a compra.

   B Antes de mais, dou-te os parabéns pela compra.

3. Ce n'est pas grave. Je vais demander de l'aide à quelqu'un d'autre.

   A Lamento. Vou pedir ajuda a outra pessoa.

   B Não faz mal. Vou pedir ajuda a outra pessoa.

4. Super ! Alors, viens un peu plus tôt pour m'aider.

   A Depende! Então vem um pouco mais tarde para me ajudares.

   B Que bom! Então vem um pouco mais cedo para me ajudares.

Module 15
VOCABULÁRIO

Verbes : *Le pretérito perfeito*

comprar *acheter*

eu comprei	*j'ai acheté*
tu compraste	*tu as acheté*
ele/ela/você comprou	*il/elle a acheté, vous avez acheté*
nós comprámos	*nous avons acheté*
vocês compraram	*vous avez acheté*
eles/elas compraram	*ils/elles ont acheté*

oferecer *offrir*

eu ofereci	*j'ai offert*
tu ofereceste	*tu as offert*
ele/ela/você ofereceu	*il/elle a offert, vous avez offert*
nós oferecemos	*nous avons offert*
vocês ofereceram	*vous avez offert*
eles/elas ofereceram	*ils/elles ont offert*

Module 15
SOLUÇÕES

As bases

VOTRE SCORE :

PAGE 138 – Demander un avis
1 **A** 2 **B** 3 **A** 4 **B** 5 **A** 6 **B**

PAGES 138-139 – Féliciter quelqu'un
1 **A** 2 **A** 3 **B** 4 **B** 5 **A**

PAGE 139 – Les meubles d'une habitation
1 **A** 2 **B** 3 **B** 4 **A** 5 **B** 6 **A**

PAGE 140 – Exprimer l'impossibilité d'aider quelqu'un
1 **A** 2 **B** 3 **A** 4 **B** 5 **A**

PAGES 140-141 – S'excuser
1 **B** 2 **B** 3 **A** 4 **B** 5 **B**

PAGES 141-142 – Les interrogatifs
1 **A** 2 **C** 3 **B** 4 **A** 5 **B** 6 **A** 7 **C**
1 **B** 2 **C** 3 **A** 4 **C** 5 **C** 6 **B** 7 **B** 8 **A**

PAGES 142-143 – Le **pretérito perfeito** des verbes réguliers en **-ar** et **-er**
1 **C** 2 **A** 3 **A** 4 **C** 5 **B** 6 **C**
1 **A** 2 **B** 3 **B** 4 **A**

PAGE 144 – Un peu de traduction
1 **A** 2 **B** 3 **B** 4 **B**

Vous avez obtenu entre 0 et 14 ? Oups ! Il faut revoir les bases.
Vous avez obtenu entre 15 et 30 ? Moyen. Un peu plus d'effort.
Vous avez obtenu entre 31 et 45 ? Pas mal du tout ! Continuez.
Vous avez obtenu 46 et plus ? Parabéns! *Félicitations !* Vous êtes sur la bonne voie.

Module 16
AS BASES

Focus Raconter des événements passés

Complétez.

1. Senhora doutora, dei um ... no chão e dói-me muito o pé.
   - **A** pontapé
   - **B** telemóvel

2. ... ao hospital porque a Saúde 24 me aconselhou.
   - **A** Prescrevi
   - **B** Fui

3. A médica ... uma pomada anti-inflamatória durante uma semana.
   - **A** correu
   - **B** prescreveu

4. A sério! Ele ... o dedo do pé.
   - **A** partiu
   - **B** errou

5. Hoje o exercício foi intenso. ... as escadas muitas vezes.
   - **A** Subimos
   - **B** Esperámos

6. O professor ... a esperar pela decisão do ministro.
   - **A** partiu
   - **B** aconselhou-me

Focus Les parties du corps

Choisissez l'option correcte.

1. A tua irmã tem uma ... linda, com uns grandes olhos azuis.
   - **A** cara
   - **B** cotovelo
   - **C** nariz

2. A ... está dentro da boca.
   - **A** joelho
   - **B** língua
   - **C** pé

Module 16
AS BASES

3. Comi muitos chocolates e agora dói-me a ...

   A barriga **B** dedo **C** ouvido

4. A senhora tem dores nas articulações, nos ... e nos cotovelos.

   A costas **B** orelhas **C** joelhos

5. Estamos com febre e com dores de ... há três dias.

   A cálcio **B** chão **C** cabeça

6. As mãos e as ... estão inchadas.

   A olhos **B** pernas **C** ouvidos

Focus Les organes du corps humain

Complétez les phrases.

Corrigé page 155

1. O meu ... está de boa saúde.

   A cabeça **B** coração **C** bexiga

2. Acabei de fazer uma radiografia aos ...

   A coração. **B** bexiga. **C** pulmões.

3. Comi muito bem, mas tenho o ... pesado.

   A rins **B** estômago **C** bexiga

4. Beber água faz bem aos ...

   A rins. **B** pulmão. **C** rim.

5. O médico acaba de me prescrever um suplemento para o ...

   A pulmões. **B** bexiga. **C** fígado.

6. Tenho a ... tão cheia que estou com dor de barriga.

   A rim **B** bexiga **C** coração

Module 16
AS BASES

Focus Décrire des symptômes

Choisissez l'option correcte.

1. ... muito a barriga.
   - **A** Tenho dor
   - **B** Dói-me

2. Senhora Doutora, o pé está a ... e também está inchado.
   - **A** dói-me
   - **B** doer

3. Fui ao médico porque tenho ... de cabeça há uma semana.
   - **A** dor
   - **B** febre

4. Ele ... com febre e tem dores nas articulações.
   - **A** está
   - **B** tenho

5. Doutor, ... febre e dores de cabeça intensas.
   - **A** está
   - **B** tenho

Focus Les spécialités médicales

Complétez la phrase.

Corrigé page 155

1. O meu médico de ... trabalha no centro de saúde.
   - **A** família
   - **B** doutora

2. O ... acabou de prescrever uma radiografia aos joelhos.
   - **A** psiquiatra
   - **B** ortopedista

3. A minha ... aconselhou-me a ter mais cuidado com a boca.
   - **A** psicólogo
   - **B** dentista

4. O ... é o médico do coração.
   - **A** cardiologista
   - **B** pediatra

Module 16
AS BASES

5. A ... da escola está otimista quanto à saúde das crianças.
   - **A** cirurgião
   - **B** pediatra

6. Os meus olhos estão a ver pior, é melhor ir ao ...
   - **A** oftalmologista
   - **B** dermatologista

Focus Souhaiter un bon rétablissement

Corrigé page 155

Choisissez l'expression qui convient.

1. As ... , Senhor Engenheiro !
   - **A** suas melhoras
   - **B** tuas melhoras

2. As ..., Mariana !
   - **A** sua melhora
   - **B** tuas melhoras

3. Tens o dedo do pé partido? ...
   - **A** As suas melhoras!
   - **B** As tuas melhoras!

4. ..., Senhor Ministro!
   - **A** As suas melhoras
   - **B** As tuas melhoras

Focus Le féminin des noms

Sélectionnez le féminin de chaque nom.

1. Neste centro de saúde há um médico e uma ...
   - **A** médica
   - **B** médico

2. A ... Luísa prescreveu uma pomada anti-inflamatória.
   - **A** doutora
   - **B** doutor

Module 16
AS BASES

3. A ... da saúde corre uma hora por dia.
   - **A** ministro
   - **B** ministra

4. O meu pai é engenheiro e a minha mãe é ...
   - **A** engenheiro
   - **B** engenheira

5. É um professor? Não, é uma ...
   - **A** professor
   - **B** professora

6. A Senhora não está ..., mas tem o coração fraco.
   - **A** fraco
   - **B** fraca

7. O médico é um homem? Não, é uma ...
   - **A** mulher
   - **B** doutor

Focus La construction *acabar de* + infinitif

Complétez à l'aide de la bonne forme.

Corrigé page 155

1. Eu ... de ligar para a Saúde 24 para me aconselharem.
   - **A** acabo
   - **B** acaba

2. O médico ... de lhe prescrever um suplemento de cálcio.
   - **A** acabei
   - **B** acabou

3. Eu ... de chegar ao hospital.
   - **A** acabaste
   - **B** acabei

4. O Artur ... de fazer uma radiografia ao dedo do pé.
   - **A** acaba
   - **B** acabam

Module 16
AS BASES

Focus Le *pretérito perfeito* des verbes réguliers en *-ir* et des verbes irréguliers *ir* et *ser*

Choisissez la bonne forme.

1. O Edgar ... a perna?

   A partiu **B** parti

2. Nós ... ao ortopedista ver o resultado da radiografia.

   A foram **B** fomos

3. A ministra da saúde ... nossa professora.

   A foi **B** fui

4. Ontem ... as escadas a correr e tive dores nas articulações.

   A subi **B** subiste

5. Vocês estão com febre há três dias e ainda não ... ao centro de saúde?

   A foi **B** foram

Focus Un peu de traduction

Corrigé page 155

Choisissez la traduction adéquate.

1. Alors, qu'est-ce qui vous emmène ici aujourd'hui ?

   A Então, o que é que o traz cá hoje?

   B Socorro, o que é que o traz cá ontem?

2. Bah, je n'ai pas de chance, docteure !

   A Ai, não tenho sorte nenhuma, Doutora!

   B Ai, tenho muita sorte, Doutora!

Module 16
AS BASES

3. Voyons ça...

   A Vou ver já...

   B Vamos lá ver isso...

4. La prochaine fois, soyez plus prudent.

   A Da última vez, tenha mais cuidado.

   B Da próxima vez, tenha mais cuidado.

Corrigé page 155

Module 16
VOCABULÁRIO

Verbes : Le pretérito perfeito

partir *casser/partir*

eu parti	*j'ai cassé*
tu partiste	*tu as cassé*
ele/ela, você partiu	*il/elle a cassé, vous avez cassé*
nós partimos	*nous avons cassé*
vocês partiram	*vous avez cassé*
eles/elas partiram	*ils/elles ont cassé*

ir *aller* / **ser** *être*

eu fui	*je suis allé / j'ai été*
tu foste	*tu es allé / as été*
ele/ela, você foi	*il/elle est allé(e) / a été* *vous êtes allé / avez été*
nós fomos	*nous sommes allés / avons été*
vocês foram	*vous êtes allés / avcz été*
eles/elas foram	*ils/elles sont allé(e)s / ont été*

Module 16
SOLUÇÕES

As bases

PAGE 147 – Raconter des événements passés
1 **A** 2 **B** 3 **B** 4 **A** 5 **A** 6 **B**

PAGES 147-148 – Les parties du corps
1 **A** 2 **B** 3 **A** 4 **C** 5 **C** 6 **B**

PAGE 148 – Les organes du corps humain
1 **B** 2 **C** 3 **B** 4 **A** 5 **C** 6 **B**

PAGE 149 – Décrire des symptômes
1 **B** 2 **B** 3 **A** 4 **A** 5 **B**

PAGES 149-150 – Les spécialités médicales
1 **A** 2 **B** 3 **B** 4 **A** 5 **B** 6 **A**

PAGE 150 – Souhaiter un bon rétablissement
1 **A** 2 **B** 3 **B** 4 **A**

PAGES 150-151 – Le féminin des noms
1 **A** 2 **A** 3 **B** 4 **B** 5 **B** 6 **B** 7 **A**

PAGE 151 – La construction **acabar de** + infinitif
1 **A** 2 **B** 3 **B** 4 **A**

PAGE 152 – Le **pretérito perfeito** des verbes réguliers en **-ir** et des verbes irréguliers **ir** et **ser**
1 **A** 2 **B** 3 **A** 4 **A** 5 **B**

PAGES 152-153 – Un peu de traduction
1 **A** 2 **A** 3 **B** 4 **B**

Vous avez obtenu entre 0 et 13 ? Oups ! Il faut revoir les bases.

Vous avez obtenu entre 14 et 30 ? Moyen. Un peu plus d'effort.

Vous avez obtenu entre 31 et 44 ? Pas mal du tout ! Continuez.

Vous avez obtenu 45 et plus ? Parabéns! *Félicitations !* Vous êtes sur la bonne voie.

Module 17
AS BASES

Focus Les vêtements et les matières

Chassez l'intrus.

Corrigé page 166

1. Ontem comprei dois pares de …
   - **A** canetas.
   - **B** luvas.
   - **C** meias.

2. O vestido que viste na loja é de …
   - **A** lã?
   - **B** cerimónia?
   - **C** algodão?

3. Havia um grande desconto …
   - **A** nas saias.
   - **B** na maquilhagem.
   - **C** nos calções.

4. O meu pai não gosta de usar …
   - **A** camisas.
   - **B** t-shirts.
   - **C** descontos.

5. Quando era jovem usava muito calças de …
   - **A** outras pessoas.
   - **B** linho.
   - **C** ganga.

6. Não te esqueças do teu … aqui.
   - **A** casaco
   - **B** camisolão
   - **C** livro

Focus Les couleurs

Choisissez la forme correcte.

1. Aquelas calças … estão com um bom desconto.
   - **A** azuis
   - **B** azules

2. Nunca comprei um chapéu …
   - **A** amarela tão bonito!
   - **B** amarelo tão bonito!

3. Essa minissaia é demasiado …
   - **A** castanho.
   - **B** castanha.

Module 17
AS BASES

4. O João lavou a sua camisa e ela ficou toda ...

   A branca.   **B** clara.

5. Não gostas de fatos de banho ...

   A pretos?   **B** às riscas?

6. A minha filha comprou três bonés ... este verão.

   A cores de rosa   **B** cor de rosa

Corrigé page 166

Focus Poser des questions sur un vêtement

Choisissez la bonne question pour la réponse donnée. Il y a plusieurs possibilités.

1. Está muito larga.

   A Como te fica a saia que experimentaste?

   B Quanto custa a saia?

   C O que achas da saia que vestiste?

2. Tem riscas verdes e roxas.

   A Quantas riscas tem?

   B Qual é o padrão da camisa de que a tua prima gostou?

   C Como é a camisa?

3. Ficam um pouco apertados.

   A Como lhe estão os calções?

   B Os calções ficam-lhe bem?

   C Os calções estão em saldo?

Module 17
AS BASES

Corrigé page 166

4. Sinto-me confortável.

   A Como se sente com esse modelo às bolas?

   B Como está esse modelo às bolas?

   C O que acha desse modelo às bolas?

5. Sim, serve-me perfeitamente.

   A Qual a sua opinião sobre aquela saia às flores?

   B A saia de bombazina serve-lhe?

   C A saia de bombazina às flores fica-lhe bem?

Focus Demander la taille et le prix

Sélectionnez la formule adéquate.

1. ... o cachecol em exposição?

   A Quando é   **B** Quanto custa   **C** Qual é o preço

2. ... o tamanho desta t-shirt?

   A Onde é   **B** De qual é   **C** Qual é

3. Desculpe, tem o ...?

   A tamanho acima   **B** tamanho curto   **C** tua tamanho

4. As calças e o casaco ... 30 euros com o...

   A são ... redução.   **B** são ... desconto.   **C** custa ... saldos.

5. Tem o ... desta camisa?

   A número L   **B** preço L   **C** tamanho L

6. A que ... corresponde o tamanho M?

   A número   **B** letra   **C** preços

Module 17
AS BASES

Focus Exprimer un doute

Choisissez les expressions qui expriment un doute.

Corrigé page 166

1. ... uma ou duas camisolas.

   A Vou levar   **B** Não sei se levo   **C** Quero

2. ... sobre a cor das luvas.

   A Tenho uma dúvida   **B** Não tenho dúvida   **C** Como é

3. Eles ... se preferem comprar as roupas durante os saldos.

   A não têm a certeza   **B** sabem   **C** dizem

4. Ainda ... de que padrão gostas mais?

   A sabes   **B** soubeste   **C** não sabes

5. Não conseguimos escolher só uma peça de roupa. Estamos ...

   A certos.   **B** indecisos.   **C** com certezas.

Focus *Poder* vs *conseguir*

Choisissez le verbe adéquat.

1. ... encontrar a camisa que querias?

   A Pudeste   **B** Conseguiste

2. Durante os saldos, não se ... fazer trocas de roupas.

   A consegue   **B** pode

3. Não ... ir às compras contigo porque tenho de estudar.

   A posso   **B** consigo

4. Eles ... sempre convencer os pais a comprarem o que desejam.

   A podem   **B** conseguem

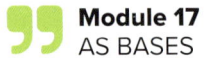

Module 17
AS BASES

5. Desculpe, mas não ... comer na loja.

   A pode   **B** consegue

6. Como é que ela ... usar um cachecol com este calor?

   A consegue   **B** pode

7. ... pagar em dinheiro?

   A Conseguimos   **B** Podemos

8. Não ... vestir estas calças. ... trazer-me o número acima?

   A posso ... Pode   **B** consigo ... Pode

Astuce Le verbe **poder** exprime la possibilité ou l'opportunité, alors que **conseguir** exprime la capacité physique ou mentale.

Sélectionnez la traduction correcte.

1. Marie ne peut pas acheter cette robe car elle est très chère.

   A A Maria não consegue comprar este vestido porque é muito caro.

   B A Maria não pode comprar este vestido porque é muito caro.

2. Comment as-tu réussi à trouver cette jupe magnifique ?

   A Como conseguiste encontrar esta saia magnífica?

   B Como pudeste encontrar esta saia magnífica?

3. On ne peut pas essayer des bikinis.

   A Não se pode experimentar biquinis.

   B Não se consegue experimentar biquinis.

Module 17
AS BASES

4. Excusez-moi, pouvez-vous me dire le prix de ces gants ?

    A Desculpe, consegue dizer-me o preço destas luvas?

    B Desculpe, pode dizer-me o preço destas luvas?

5. Je n'arrive pas à apprécier les chemises à pois.

    A Não consigo gostar de camisas às bolas.

    B Não posso gostar de camisas às bolas.

Focus Le degré des noms

Indiquez si les mots sont au diminutif ou à l'augmentatif.

Corrigé page 166

1. camisinha

    A diminutif   **B** augmentatif

2. saiazita

    A diminutif   **B** augmentatif

3. casacão

    A diminutif   **B** augmentatif

4. roupinhas

    A diminutif   **B** augmentatif

5. tamanhões

    A diminutif   **B** augmentatif

6. camisolona

    A diminutif   **B** augmentatif

Module 17
AS BASES

Focus Le *pretérito perfeito* des verbes *fazer*, *ter* et *estar*

Conjuguez correctement.

Corrigé page 166

1. Ontem...40% de desconto nestas luvas.
   - **A** fizeram
   - **B** fizerão

2. Como as calças não estavam em saldos, ...de pagar o preço normal.
   - **A** tinha
   - **B** tive

3. Na semana passada, ...nesta loja e ainda não havia saldos.
   - **A** tivemos
   - **B** estivemos

4. Inês, o que...com a t-shirt que te estava larga?
   - **A** fizeste
   - **B** fez

5. Onde é que as tuas amigas...há dois dias?
   - **A** tiveram
   - **B** estiveram

6. Ele...algum desconto nas compras que...?
   - **A** esteve...fez
   - **B** teve...fez

7. Nós nunca...camisas de seda nesta loja.
   - **A** tivemos
   - **B** timos

8. Eu...uma renovação no meu guarda-roupa.
   - **A** fez
   - **B** fiz

Module 17
AS BASES

Focus Le *pretérito perfeito* des verbes *vir* et *ver*

Choisissez la forme verbale correcte.

Corrigé page 166

1. Quando ela ... aquele camisolão ficou seduzida.
   - **A** veio
   - **B** viu

2. ... sozinha às compras?
   - **A** Vieste
   - **B** Viste

3. ... trocar estes artigos porque ... que estão pequenos.
   - **A** Vimos ... vimos
   - **B** Viemos ... vimos

4. Vocês ... o que está na montra?
   - **A** viram
   - **B** vieram

5. Já ... onde ficam os provadores.
   - **A** vim
   - **B** vi

6. As tuas tias ... aqui só para verem esta saia às riscas?
   - **A** viram
   - **B** vieram

7. ... se o tamanho acima te fica melhor?
   - **A** Viste
   - **B** Vi

8. Eu ... um vestido de veludo igual ao que ... comprar ontem.
   - **A** vim ... vieste
   - **B** vi ... vieste

Module 17
VOCABULÁRIO

Noms

boné	*casquette*
camisolão	*grand pull*
fato de banho	*maillot de bain*
montra	*vitrine*
peça de roupa	*vêtement*
provador	*cabine d'essayage*
vestido de cerimónia	*robe de soirée*

Verbes

convencer	*convaincre*
estar indeciso	*être indécis / avoir des doutes*
ficar seduzido	*être séduit*
ter uma dúvida	*avoir un doute*

Verbe *fazer* au *pretérito perfeito*

eu fiz	*j'ai fait*
tu fizeste	*tu as fait*
ele/ela, você fez	*il/elle a fait, vous avez fait*
nós fizemos	*nous avons fait*
eles/elas, vocês fizeram	*ils/elles ont fait, vous avez fait*

Module 17
VOCABULÁRIO

Verbes *ter* et *estar* au *pretérito perfeito*

eu tive / eu estive	j'ai eu / j'ai été
tu tiveste / tu estiveste	tu as eu / tu as été
ele/ela, você teve ele/ela, você esteve	il/elle a eu, vous avez eu il/elle a été, vous avez été
nós tivemos / nós estivemos	nous avons eu / nous avons été
eles/elas, vocês tiveram eles/elas, vocês estiveram	ils/elles ont eu, vous avez eu ils/elles ont été, vous avez été

Verbes *vir* et *ver* au *pretérito perfeito*

eu vim / eu vi	je suis venu/e / j'ai vu
tu vieste / tu viste	tu es venu/e / tu as vu
ele/ela, você veio ele/ela, você viu	il/elle est venu/e, vous êtes venus/-es il/elle a vu, vous avez vu
nós viemos nós vimos	nous sommes venus/-es nous avons vu
eles/elas, vocês vieram eles/elas, vocês viram	ils/elles sont venus/-es, vous êtes venus/-es ils/elles ont vu, vous avez vu

Module 17
SOLUÇÕES

As bases

VOTRE SCORE :

PAGE 156 – Les vêtements et les matières
1 **A** 2 **B** 3 **B** 4 **C** 5 **A** 6 **C**

PAGES 156-157 – Les couleurs
1 **A** 2 **B** 3 **B** 4 **A** 5 **A** 6 **B**

PAGE 157-158 – Poser des questions sur un vêtement
1 **A**, **C** 2 **B**, **C** 3 **A**, **B** 4 **A**, **C** 5 **B**, **C**

PAGE 158 – Demander la taille et le prix
1 **B** 2 **C** 3 **A** 4 **B** 5 **C** 6 **A**

PAGE 159 – Exprimer un doute
1 **B** 2 **A** 3 **B** 4 **C** 5 **B**

PAGES 159-161 – **Poder** vs **conseguir**
1 **B** 2 **B** 3 **A** 4 **B** 5 **A** 6 **A** 7 **B** 8 **B**
1 **B** 2 **A** 3 **A** 4 **B** 5 **A**

PAGE 161 – Le degré des noms
1 **A** 2 **A** 3 **B** 4 **A** 5 **B** 6 **B**

PAGE 162 – Le *pretérito perfeito* des verbes **fazer**, **ter** et **estar**
1 **A** 2 **B** 3 **B** 4 **A** 5 **B** 6 **B** 7 **A** 8 **B**

PAGE 163 – Le *pretérito perfeito* des verbes **vir** et **ver**
1 **B** 2 **A** 3 **B** 4 **A** 5 **A** 6 **B** 7 **A** 8 **B**

Vous avez obtenu entre 0 et 16 ? Oups ! Il faut revoir les bases.

Vous avez obtenu entre 17 et 33 ? Moyen. Un peu plus d'effort.

Vous avez obtenu entre 34 et 50 ? Pas mal du tout ! Continuez.

Vous avez obtenu 51 et plus ? Parabéns! *Félicitations !* Vous êtes sur la bonne voie.

Module 18
AS BASES

Focus Les formes de présentation des produits

Sous quelle forme peut-on acheter les produits suivants ?
Plusieurs réponses sont possibles.

Corrigé page 176

1. ovos
   - A meia-dúzia
   - B meio quilo
   - C uma caixa

2. cerveja
   - A um pacote
   - B uma garrafa
   - C uma lata

3. pêras
   - A dois quilos
   - B um saco
   - C um litro

4. carne
   - A uma embalagem
   - B um quilo
   - C um pacote

5. queijo
   - A 200 gramas
   - B uma caixa
   - C fatias

6. leite
   - A um pacote
   - B uma embalagem
   - C um quilo

7. uvas
   - A uma dúzia
   - B um cacho
   - C um quilo

8. água
   - A uma garrafa
   - B um pacote
   - C um litro

Module 18
AS BASES

Focus — Demander le poids d'un produit

Complétez les questions.

Corrigé page 176

1. ... este melão?
   - **A** Quanto vale
   - **B** Quanto pesa

2. ... o pão fatiado?
   - **A** Quanto custa
   - **B** Quantos gramas tem

3. ... do robalo?
   - **A** Quanto tem
   - **B** Qual é o peso

4. Esta caixa de sardinhas ...
   - **A** pesa quanto?
   - **B** mede quanto?

5. ... essa embalagem de arroz?
   - **A** Que peso tem
   - **B** Qual é o peso

6. ... esse pedaço de carne?
   - **A** Quanto têm
   - **B** Quantos gramas tem

Focus — Les caractéristiques des produits

Choisissez la bonne traduction.

1. Vous préférez du lait écrémé, entier ou demi-écrémé ?
   - **A** Prefere leite com creme, inteiro ou meio-gordo?
   - **B** Prefere leite magro, gordo ou meio-gordo?

2. Il n'y a plus de gobelets. Je vais prendre des verres.
   - **A** Já não há copos de plástico. Vou levar copos de vidro.
   - **B** Não há copos de plástico. Vou levar vidro.

Module 18
AS BASES

3. Excusez-moi, la laitue est vendue au poids ou à l'unité ?

   A Desculpe, a alface vende o peso ou a unidade?

   B Desculpe, a alface vende-se ao peso ou à unidade?

4. Je voudrais un morceau de bœuf, s'il vous plaît.

   A Queria um pouco de boi, por favor.

   B Queria um pedaço de carne de vaca, por favor.

5. Tu veux prendre dix ou douze tranches de jambon ?

   A Queres levar dez ou doze fatias de fiambre?

   B Queres levar dez ou doze tranchas de presunto?

6. Il est très pratique d'acheter du pain tranché.

   A É muito prático comprar pão fatiado.

   B É muito prático de comprar pão com fatias.

Focus **La préposition *de***

Faites la contraction si nécessaire.

Corrigé page 176

1. Trouxeste a lista ... compras?

   A dos   **B** de

2. Pode servir-me um copo ... água, por favor?

   A da   **B** de

3. Gosto mais ... uvas brancas do que ... pretas.

   A destas ... daquelas   **B** de estas ... de aquelas

4. Tenho de trocar de máquina ... lavar loiça brevemente.

   A de   **B** da

Module 18
AS BASES

Corrigé page 176

5. Estes bolos ... arroz que comprámos na pastelaria são deliciosos!
   - **A** do
   - **B** de

6. Esqueci-me de tirar a senha ... peixaria.
   - **A** da
   - **B** de

Focus Les pronoms personnels avec les prépositions *a*, *de*, *para* et *por*

Complétez avec les pronoms personnels corrects.

1. Para ..., pagar com cartão de crédito é mais rápido do que pagar com dinheiro.
   - **A** me
   - **B** mim

2. Por ..., vocês podem ir para a caixa.
   - **A** eles
   - **B** nos

3. Não esperava isso de ...
   - **A** ti.
   - **B** tu.

4. O empregado mostrou-lhe a ... o novo gel de banho?
   - **A** se
   - **B** si

5. Por ..., não é necessário levar carrinho de compras.
   - **A** nós
   - **B** vos

6. O melhor para ... é irem já para a fila.
   - **A** vocês
   - **B** te

> **Astuce** Lorsque les pronoms personnels sont précédés des prépositions **a**, **de**, **para**, **por**, **até** et **sem** ils prennent les formes suivantes : **mim, ti, si, ele, ela, nós, vocês, eles** et **elas**.

Module 18
AS BASES

Focus — Le verbe *trazer* au *pretérito perfeito*

Conjuguez correctement.

1. Nicolau, ... a minha carteira?
   - **A** trouxeste
   - **B** trazeste

2. Os meus convidados ... cinco pães pequenos de cereais.
   - **A** traziam
   - **B** trouxeram

3. Não ... a carne picada! Tenho de voltar ao talho.
   - **A** trouxe
   - **B** trazi

4. Nós ... duas latas de atum, frutas e legumes.
   - **A** trouzemos
   - **B** trouxemos

5. Ela ... a caixa de ovos que caiu no chão.
   - **A** trouxe
   - **B** trazeu

6. Vocês ... o bolo que encomendámos?
   - **A** trouxeram
   - **B** trousseram

Focus — Le verbe *cair* au *pretérito perfeito*

Choisissez le bon sujet.

Corrigé page 176

1. ... caiu no chão e partiu-se.
   - **A** O copo
   - **B** Os copos

2. Na semana passada, ... caí na peixaria.
   - **A** ele
   - **B** eu

3. ... nunca caíram quando estavam a fazer as compras?
   - **A** Você
   - **B** Vocês

Module 18
AS BASES

4. Quando estava a pesar a fruta, o saco rompeu-se e ... caíram.
   - **A** as laranjas
   - **B** ela

5. ... caímos perto do mercado municipal.
   - **A** Nós
   - **B** Elas

6. ... da Rita caiu na mercearia e ela não a conseguiu encontrar.
   - **A** As senhas
   - **B** A senha

Focus Le verbe *sair* au *pretérito perfeito*

Complétez les phrases.

Corrigé page 176

1. Esqueci-me dos óculos porque ... de casa à pressa.
   - **A** sai
   - **B** saí

2. O meu marido ... há dez minutos.
   - **A** saiu
   - **B** saía

3. Alberto, a que horas ... do trabalho?
   - **A** saíste
   - **B** sais

4. Ontem à noite, ... para ir beber um café.
   - **A** saimos
   - **B** saímos

5. Vocês ... ao mesmo tempo que nós?
   - **A** saem
   - **B** saíram

6. Eles ... sem se despedirem de nós?
   - **A** saíram
   - **B** sairão

Module 18
AS BASES

Focus Les verbes *trazer*, *cair* et *sair* au *pretérito perfeito*

Sélectionnez le verbe qui convient.

Corrigé page 176

1. Cada pessoa ... um tipo de peixe diferente.
   - **A** saiu
   - **B** trouxe
   - **C** caiu

2. Os últimos clientes ... apenas quando o supermercado fechou.
   - **A** trouxeram
   - **B** caíram
   - **C** saíram

3. Como havia água no chão, três pessoas ...
   - **A** caíram
   - **B** saíram
   - **C** trouxeram

4. Os morangos tinham tão bom aspeto que eu ... duas caixas.
   - **A** trouxe
   - **B** saí
   - **C** caí

5. Tu ... junto à frutaria porque havia fruta no chão.
   - **A** saíste
   - **B** trouxeste
   - **C** caíste

6. Vocês ... do mercado assim que nós chegámos?
   - **A** caíram
   - **B** saíram
   - **C** trouxeram

7. Nós não ... sem antes verificar se tínhamos a carteira.
   - **A** trouxemos
   - **B** caímos
   - **C** saímos

8. Aquele cacho de uvas que ... estava bem maduro.
   - **A** caíste
   - **B** trouxeste
   - **C** saíste

Module 18
AS BASES

Focus Un peu de traduction

Quelle est la traduction correcte des phrases proposées ?

1. Quando vou às compras costumo pagar em dinheiro.

    A Quand je vais faire les courses, je paie en argent liquide.

    B Quand je vais faire les courses, je paie habituellement en argent liquide.

2. Só trouxeste queijo fatiado?

    A Tu n'as apporté que du fromage tranché ?

    B Tu as apporté du fromage tranché et du fromage frais ?

3. No mercado não se vendem máquinas de lavar roupa.

    A Au supermarché, on ne vend pas de lave-linges.

    B Au marché, on ne vend pas de lave-linges.

4. A caixa não nos deu o talão das compras.

    A La boîte ne nous a pas donné le ticket.

    B La caissière ne nous a pas donné le ticket de caisse.

5. Esta semana, quantas vezes foste à padaria sem mim?

    A Cette semaine, combien de fois es-tu allé à la boulangerie sans moi ?

    B Cette semaine, combien de fois es-tu allé à la pâtisserie sans moi ?

6. Para si sempre foi mais cómodo pagar com cartão.

    A Pour toi, ça a toujours été plus commode de payer par carte.

    B Pour vous, ça a toujours été plus commode de payer par carte.

Module 18
VOCABULÁRIO

Noms

cacho	*grappe*
carrinho de compras	*chariot*
fatia	*tranche*
fila	*queue*
pacote	*paquet*
talho	*boucher*

Verbes et locutions verbales

estar maduro	*être mûr*
romper-se	*se rompre*
trazer	*apporter, amener, ramener*

Verbes *trazer*, *cair* et *sair* au *pretérito perfeito*

eu trouxe / eu caí / eu saí	*j'ai apporté / je suis tombé/e / je suis sorti/e*
tu trouxeste / tu caíste / tu saíste	*tu as apporté / tu es tombé/e / tu es sorti/e*
ele/ela, você trouxe / ele/ela, você caiu / ele/ela, você saiu	*il/elle a apporté, vous avez apporté / il/elle est tombé/e, vous êtes tombé/e / il/elle est sorti/e, vous êtes sorti/e*
nós trouxemos / nós caímos / nós saímos	*nous avons apporté / nous sommes tombé/-es / nous sommes sorti/-es*
eles/elas, vocês trouxeram / eles/elas, vocês caíram / eles/elas, vocês saíram	*ils/elles ont apporté, vous avez apporté / ils/elles sont tombé/-es, vous êtes tombé/-es / ils/elles sont sorti/-es, vous êtes sorti/-es /*

Module 18
SOLUÇÕES

As bases

VOTRE SCORE :

PAGE 167 – Les formes de présentation des produits
1 **A,C** 2 **B,C** 3 **A,B** 4 **A,B** 5 **A,C** 6 **A,B** 7 **B,C** 8 **A,C**

PAGE 168 – Demander le poids d'un produit
1 **B** 2 **B** 3 **B** 4 **A** 5 **A** 6 **B**

PAGES 168-169 – Les caractéristiques des produits
1 **B** 2 **A** 3 **B** 4 **B** 5 **A** 6 **A**

PAGES 169-170 – La préposition **de**
1 **B** 2 **B** 3 **A** 4 **A** 5 **B** 6 **A**

PAGE 170 – Les pronoms personnels avec les prépositions **a**, **de**, **para** et **por**
1 **B** 2 **A** 3 **A** 4 **B** 5 **A** 6 **A**

PAGE 171 – Le verbe **trazer** au **pretérito perfeito**
1 **A** 2 **B** 3 **A** 4 **B** 5 **A** 6 **A**

PAGE 171-172 – Le verbe **cair** au **pretérito perfeito**
1 **A** 2 **B** 3 **B** 4 **A** 5 **A** 6 **B**

PAGE 172 – Le verbe **sair** au **pretérito perfeito**
1 **B** 2 **A** 3 **A** 4 **B** 5 **B** 6 **A**

PAGE 173 – Les verbes **trazer**, **cair** et **sair** au **pretérito perfeito**
1 **B** 2 **C** 3 **A** 4 **A** 5 **C** 6 **B** 7 **C** 8 **B**

PAGE 174 – Un peu de traduction
1 **B** 2 **A** 3 **B** 4 **B** 5 **A** 6 **B**

Vous avez obtenu entre 0 et 16 ? Oups ! Il faut revoir les bases.
Vous avez obtenu entre 17 et 33 ? Moyen. Un peu plus d'effort.
Vous avez obtenu entre 34 et 50 ? Pas mal du tout ! Continuez.
Vous avez obtenu 51 et plus ? **Parabéns!** *Félicitations !* Vous êtes sur la bonne voie.

Module 19
AS BASES

Focus Au restaurant

Indiquez ce que les phrases expriment.

Corrigé page 187

1. Pode trazer a ementa, por favor?
   - **A** demander l'addition
   - **B** demander le menu

2. A comida está ótima!
   - **A** exprimer la satisfaction
   - **B** exprimer l'impatience

3. Traga a conta, por favor.
   - **A** demander l'addition
   - **B** exprimer l'insatisfaction

4. A sopa está demasiado salgada!
   - **A** exprimer l'insatisfaction
   - **B** faire un compliment

5. A comida nunca mais chega. Estou farta de esperar!
   - **A** demander de répéter
   - **B** exprimer l'impatience

6. Pode trazer já as bebidas, por favor?
   - **A** demander d'apporter le café
   - **B** demander d'apporter les boissons

Associez l'expression donnée à ce qu'elle représente.

1. toucinho do céu
   - **A** plat principal
   - **B** dessert
   - **C** boisson

2. vinho tinto, rosé e branco
   - **A** différents types de vin
   - **B** entrée
   - **C** dessert

3. pastéis de bacalhau
   - **A** soupe
   - **B** dessert
   - **C** entrée

Module 19
AS BASES

*Indiquez si les affirmations sont **verdadeiras** (vraies) ou **falsas** (fausses).*

1. O bolo de bolacha é uma entrada.
   - **A** verdadeira
   - **B** falsa

2. "Água natural" é o contrário de "água fresca".
   - **A** verdadeira
   - **B** falsa

3. O vinho verde é uma bebida alcoólica.
   - **A** verdadeira
   - **B** falsa

4. A salada de polvo é uma sobremesa tipicamente portuguesa.
   - **A** verdadeira
   - **B** falsa

5. "Bacalhau à Brás" é uma sopa de bacalhau.
   - **A** verdadeira
   - **B** falsa

6. Muitos portugueses terminam a refeição com um café.
   - **A** verdadeira
   - **B** falsa

Corrigé page 187

Focus — La préposition *com* et les pronoms personnels

Choisissez la bonne forme du pronom.

1. Alexandre, vais almoçar ... ao restaurante?
   - **A** com eu
   - **B** comigo

2. Luís e João, podemos contar ... para nos sugerirem bons pratos?
   - **A** com vocês
   - **B** connosco

3. Há uns meses, vim ... a esta marisqueira.
   - **A** contigo
   - **B** com tu

Module 19
AS BASES

4. ... as refeições são sempre divertidas.

   A Com vós   **B** Convosco

5. Estávamos ... quando provámos esta sobremesa.

   A com si   **B** consigo

6. Quando estamos ... pedimos sempre água natural.

   A com elas   **B** com tu

Astuce Lorsque les pronoms personnels sont précédés de la préposition **com**, ils prennent les formes suivantes : **comigo, contigo, consigo, com ele/ela, connosco, com vocês/convosco** (formel), **com eles/elas**.

Focus Le participe passé régulier

Choisissez la forme correcte du participe passé.

Corrigé page 187

1. provar

   A provado   **B** provido

2. comer

   A comedo   **B** comido

3. partir

   A partido   **B** partudo

4. esperar

   A esperada   **B** esperado

5. pedir

   A pedidos   **B** pedido

Module 19
AS BASES

Corrigé page 187

6. beber
   - **A** bebido
   - **B** bebidas

7. almoçar
   - **A** almoçados
   - **B** almoçado

8. demorar
   - **A** demorados
   - **B** demorado

> **Astuce** Le participe passé est invariable en genre et en nombre. Les terminaisons au participe passé régulier sont : **-ado** pour les verbes en **-ar** (ex. : **falado**) ; **-ido** pour les verbes en **-er** (ex. : **recebido**) et pour les verbes en **-ir** (ex. : **dormido**).

Focus Le *pretérito perfeito composto*

Sélectionnez la bonne forme au pretérito perfeito composto *pour compléter la phrase.*

1. Esta semana ... muito peixe grelhado.
   - **A** temos comido
   - **B** temos comidos

2. Tu ... no restaurante nos últimos tempos?
   - **A** tem jantado
   - **B** tens jantado

3. Eles ... três cafés por dia.
   - **A** tem bebido
   - **B** têm bebido

4. ... muito cheia depois das refeições.
   - **A** Tenho-me sentido
   - **B** Tenho-me sentida

5. Vocês ... a conhecer vários restaurantes de comida tradicional?
   - **A** têm andado
   - **B** temos andado

Module 19
AS BASES

6. Nós ... provar novas sobremesas.

   A temos querido   **B** temos queridos

7. O que ... nos últimos dias?

   A tens lanchada   **B** tens lanchado

8. Você ... falar destas bebidas sem gás?

   A têm ouvido   **B** tem ouvido

Corrigé page 187

Astuce Le **pretérito perfeito composto** est formé de l'auxiliaire **ter** au présent de l'indicatif suivi du participe passé du verbe principal (ex. : **eu tenho encontrado**). Il est utilisé pour parler d'une action ou d'un événement qui a débuté dans le passé et qui se prolonge ou se répète dans le présent. Le **pretérito perfeito composto** décrit donc une action qui n'est pas terminé, contrairement au **pretérito perfeito**. Les expressions **ultimamente** *dernièrement*, **nos últimos dias/meses/anos** *ces derniers jours, mois, années*, **todos os dias** *tous les jours* peuvent accompagner le **pretérito perfeito composto**.

Focus *Pretérito perfeito simples* vs *pretérito perfeito composto*

Dites si les phrases sont au pretérito perfeito simples *(PPS) ou au* pretérito perfeito composto *(PPC).*

1. No domingo passado lembrei-me dessa salada de polvo deliciosa.

   A PPS   **B** PPC

2. Nas últimas semanas tenho-me lembrado dessa salada de polvo deliciosa.

   A PPS   **B** PPC

3. Vocês têm reservado mesa no restaurante todos os dias?

   A PPS   **B** PPC

Module 19
AS BASES

Corrigé page 187

4. Você reservou mesa no restaurante?

   A PPS
   B PPC

5. Tens deixado gorjeta utlimanente?

   A PPS
   B PPC

6. Deixaste uma boa gorjeta ontem.

   A PPS
   B PPC

7. No jantar de segunda-feira, comemos fruta e mousse de chocolate.

   A PPS
   B PPC

8. Temos comido fruta e mousse de chocolate todas as segundas-feiras.

   A PPS
   B PPC

Choisissez la bonne traduction.

1. Ultimamente, tenho dado muitas gorjetas.

   A Dernièrement, j'ai donné beaucoup de pourboires.

   B Dernièrement, j'ai donné des pourboires.

2. Comeste sopa no restaurante?

   A Tu manges de la soupe au restaurant ?

   B Tu as mangé de la soupe au restaurant ?

Module 19
AS BASES

3. Esta semana, ela tem comido sopa a todas as refeições.

    A Cette semaine, elle mange de la soupe à tous les repas.

    B Cette semaine, elle a mangé de la soupe à tous les repas.

4. No ano passado, nós festejámos o teu aniversário em casa.

    A L'année dernière nous avons fêté ton anniversaire à la maison.

    B Cette année nous avons fêté ton anniversaire à la maison.

5. Temos festejado sempre o teu aniversário em casa.

    A Nous avons toujours fêté ton anniversaire à la maison.

    B Nous avons fêté ton anniversaire à la maison.

Corrigé page 187

Module 19
VOCABULÁRIO

Locutions / Phrases essentielles

Au restaurant

comer fora	*manger au restaurant*
dar gorjeta	*donner un pourboire*
escolher o prato	*choisir le plat*
estar demorado	*être long*
estar farto de	*en avoir assez/marre de*
pedir o prato	*commander le plat*
ser servido	*être servi*
trazer a conta	*apporter l'addition*
valer a pena	*valoir la peine*

Noms

água com *vs* sem gás	*eau gazeuse* vs *non gazeuse*
água natural *vs* fresca	*eau à température ambiante* vs *fraîche*
bolo de bolacha	*gâteau composé de différentes couches de biscuits imbibés dans du café, d'une crème au beurre sucrée ou de chantilly*
caldo-verde	*soupe au chou cavalier et avec des rondelles de chorizo*
cozido à portuguesa	*pot-au-feu composé de légumes et de différentes sortes de viandes*
doce	*gâteau, dessert, sucré* (adj.)
grelhada mista	*grillade mixte*
toucinho do céu	*flan aux œufs très sucré, parfumé à l'orange et à la cannelle*
vinho da casa	*vin fait maison*

Module 19
SOLUÇÕES

As bases

PAGES 177-180 – Au restaurant
1 **B** 2 **A** 3 **A** 4 **A** 5 **B** 6 **B**
1 **B** 2 **A** 3 **C** 4 **A** 5 **C** 6 **B** 7 **A** 8 **C**
1 **A** 2 **B** 3 **A** 4 **B** 5 **B** 6 **A**
1 **B** 2 **A** 3 **B** 4 **A** 5 **B** 6 **B**
1 **B** 2 **A** 3 **A** 4 **B** 5 **B** 6 **A**

VOTRE SCORE :

PAGES 180-181 – La préposition **com** et les pronoms personnels
1 **B** 2 **A** 3 **A** 4 **B** 5 **B** 6 **A**

PAGES 181-182 – Le participe passé régulier
1 **A** 2 **B** 3 **A** 4 **B** 5 **B** 6 **A** 7 **B** 8 **B**

PAGES 182-183 – Le **pretérito perfeito composto**
1 **A** 2 **B** 3 **B** 4 **A** 5 **A** 6 **A** 7 **B** 8 **B**

PAGES 183-185 – **Pretérito perfeito simples** vs **pretérito perfeito composto**
1 **A** 2 **B** 3 **B** 4 **A** 5 **B** 6 **A** 7 **A** 8 **B**
1 **A** 2 **B** 3 **B** 4 **A** 5 **A**

Vous avez obtenu entre 0 et 16 ? Oups ! Il faut revoir les bases.
Vous avez obtenu entre 17 et 33 ? Moyen. Un peu plus d'effort.
Vous avez obtenu entre 34 et 50 ? Pas mal du tout ! Continuez.
Vous avez obtenu 51 et plus ? Parabéns! *Félicitations !* Vous êtes sur la bonne voie.

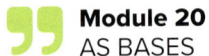

Module 20
AS BASES

Focus Activités culturelles

Complétez les phrases.

Corrigé page 197

1. Lara, queres ir ... comigo amanhã à noite?
   - **A** ao Banco
   - **B** ao cinema

2. Agradeço pelo convite, mas prefiro ir ver ...
   - **A** uma peça de teatro.
   - **B** as minhas amigas.

3. Todos os meses tenho ido ver ...
   - **A** exposições de pintura.
   - **B** a família.

4. Este grupo deu um ... excecional na semana passada.
   - **A** bilhete
   - **B** concerto

5. Aprecias mais ... ou ... ?
   - **A** dança clássica ... dança moderna
   - **B** estar na praia ... estar no campo

6. As ... deste artista são muito enigmáticas.
   - **A** palavras
   - **B** esculturas

7. O ... é um género teatral muito apreciado em Portugal.
   - **A** teatro de revista
   - **B** cinema

8. Vamos ver a coleção de arte ... ?
   - **A** deste jardim
   - **B** deste museu

Choisissez la bonne expression pour compléter la phrase.

1. Os ... para o recital de piano foram um pouco caros.
   - **A** bilhetes
   - **B** lugares

Module 20
AS BASES

2. Vou comprar um bilhete para a ... porque fica mais perto do ...

   A fila ... chão.   **B** plateia ... palco.

3. Gosto mais de filmes de ... do que de ...

   A ação ... ficção científica.   **B** drama ... revista.

4. Que peça está agora em ... ?

   A cena   **B** salas

5. A que horas ... para vermos a exposição?

   A encontramos   **B** marcamos encontro

6. ... ! Para mim, está perfeito.

   A Combinado   **B** Não está combinado

Focus La concession

Choisissez le début de phrase qui convient.

Corrigé page 197

1. ... compro os bilhetes para o concerto.

   A Mesmo sendo caros,   **B** Apesar de sendo caros,

2. ... gostei muito da peça dramática que vimos.

   A Apesar de preferir comédias,   **B** Mesmo preferir comédias,

3. ... o espetáculo decorreu na rua.

   A Mesmo frio,   **B** Apesar do frio,

4. ... decidiste não faltar ao teatro.

   A Mesmo doente,   **B** Mesmo estar doente,

Module 20
AS BASES

5. ... os espetadores puderam entrar na sala de cinema.

   A Apesar de estando atrasados,   **B** Apesar de atrasados,

6. ... o público aplaudiu.

   A Mesmo descontente,   **B** Mesmo estar descontente,

Astuce **Apesar de** peut s'employer en début ou au milieu de la phrase. Il est suivi soit d'un verbe à l'infinitif personnel (**As pessoas aplaudiram, apesar de estarem cansadas.**), soit d'un adjectif (**As pessoas aplaudiram, apesar de cansadas.**), soit d'un substantif (**Apesar do cansaço, as pessoas aplaudiram.**). **Mesmo** s'utilise habituellement en début de phrase, et il est suivi d'un adjectif (**Mesmo cansadas, as pessoas aplaudiram.**) ou du gérondif (**Mesmo estando cansadas, as pessoas aplaudiram.**).

Focus **Exprimer l'accord**

Corrigé page 197

Choisissez les expressions qui expriment l'accord.

1. Encontramo-nos à frente da porta do cinema, sim?

   A Está bem!   **B** Não sei ainda.

2. Passo em tua casa por volta das 21 horas.

   A Contente!   **B** Combinado!

3. Podíamos ir ver uma exposição de fotografia.

   A Pode ser!   **B** Podia ser?

4. Vou comprar dois bilhetes para a sessão desta noite, está bem?

   A Vamos ver.   **B** Está certo!

5. Consultamos as críticas ao espetáculo e depois decidimos.

   A Está combinado!   **B** Discordo.

Module 20
AS BASES

6. Prefiro ir ver uma exposição de fotografia do que de escultura.

   A Hum...　　　　　　　　**B** Concordo!

Focus Un peu de traduction

Choisissez la bonne traduction.

Corrigé page 197

1. Le personnage principal est un enfant de huit ans.

   A A personagem principal é uma criança de oito anos.

   B O personagem principal é um criança de oito anos.

2. Il m'a donné rendez-vous à côté du musée.

   A Ele deu-me encontro ao lado do museu.

   B Ele marcou encontro comigo ao lado do museu.

3. J'ai trouvé une place au balcon, mais pas dans le parterre.

   A Encontrei uma praça no balcão, mas não na plateia.

   B Encontrei um lugar no balcão, mas não na plateia.

4. Le programme de ce théâtre est très intéressant.

   A A programação deste teatro é muito interessante.

   B O programa do teatro é muito interessante.

5. Je ne sais pas quelle pièce est à l'affiche.

   A Não sei que peça está afixada.

   B Não sei que peça está em cena.

Module 20
AS BASES

Focus — Les pronoms relatifs

Choisissez le bon pronom.

Corrigé page 197

1. O filme ... vais ver é de que género?
   - **A** cujo
   - **B** que

2. Sabem ... fica a sala de teatro de revista?
   - **A** onde
   - **B** cuja

3. O escultor ... obras são feitas de madeira tem 80 anos.
   - **A** quem
   - **B** cujas

4. Eu gostaria de conhecer a pessoa ... escreveu este livro.
   - **A** quem
   - **B** que

5. O local ... nos encontrámos é uma antiga galeria de arte.
   - **A** onde
   - **B** cujo

6. O artista de ... me falaste é do sul do país.
   - **A** quem
   - **B** cuja

Focus — Le pronom *cujo*

Sélectionnez la bonne forme du pronom.

1. A obra ... pintor é português está agora em exposição.
   - **A** cujos
   - **B** cuja
   - **C** cujo

2. Adoro aquele museu ... salas são em forma de L.
   - **A** cuja
   - **B** cujas
   - **C** cujos

Module 20
AS BASES

3. Lembras-te do nome da atriz ... filhos entram neste filme?

   A cuja **B** cujas **C** cujos

4. A personagem, ... mãe é pintora, vive perto da praia.

   A cuja **B** cujas **C** cujo

5. A pessoa ... papel é o de um palhaço, não tem qualquer piada.

   A cuja **B** cujos **C** cujo

Astuce *Cujo* dont est un pronom relatif qui indique la possession et appartient à un registre plutôt soutenu. Il est variable en genre et en nombre et il s'accorde avec le nom qu'il précède.

Focus — Le participe passé irrégulier

Choisissez la forme correcte.

Corrigé page 197

1. Têm ... poucos concursos para músico.

   A abrido **B** aberto

2. Este escritor tem ... livros de poemas deslumbrantes.

   A escrito **B** escrevido

3. Tens ... muitas consultas nesse site de espetáculos?

   A fazido **B** feito

4. A exposição ficou ... em duas horas.

   A vista **B** visto

5. Eles têm ... pouco ao teatro este ano.

   A vindo **B** vindos

Module 20
AS BASES

6. Está tudo … ! Este concerto é imperdível!
   - **A** dizido
   - **B** dito

Focus Le participe passé double

Complétez avec la forme correcte.

Corrigé page 197

1. A tua proposta para a exposição foi …?
   - **A** aceite
   - **B** aceitada

2. Aquele ator foi … para presidente da associação.
   - **A** elegido
   - **B** eleito

3. As minhas economias ficaram todas … com a compra dos bilhetes.
   - **A** gastas
   - **B** gastadas

4. A digressão está … por motivos de doença.
   - **A** suspendida
   - **B** suspensa

5. A personagem tem-se … através de gestos.
   - **A** exprimido
   - **B** expresso

6. Os espetadores foram … do palco.
   - **A** expulso
   - **B** expulsos

7. O livro foi … à editora para ser publicado.
   - **A** entregado
   - **B** entregue

8. Todas as personagens são … no final da história.
   - **A** salvas
   - **B** salvadas

Module 20
AS BASES

Astuce Certains verbes ont deux formes de participe passé : une forme régulière et une forme irrégulière. La forme régulière s'emploie avec l'auxiliaire **ter**, et la forme irrégulière est employée avec les auxiliaires **ser**, **estar** et **ficar**. Accompagné de l'auxiliaire **ter**, le participe passé reste invariable (**Ele tem escrito muitos poemas.**). Quand il est précédé des auxiliaires **ser**, **estar** et **ficar**, le participe passé s'accorde en genre et en nombre avec le sujet de la phrase (**Os poemas foram/ ficaram escritos em dois dias.**).

Choisissez le bon auxiliaire. Parfois, plusieurs réponses sont possibles.

Corrigé page 197

1. A sala de espetáculos … limpa em quinze minutos.
   - **A** ficou
   - **B** tem
   - **C** foi

2. Os bilhetes … pagos.
   - **A** têm
   - **B** estão
   - **C** ficaram

3. Essa atriz … ganhado muitos prémios de interpretação.
   - **A** tem
   - **B** está
   - **C** ficou

4. No final da peça de teatro, o protagonista … morto pelo inimigo.
   - **A** tem
   - **B** é
   - **C** está

5. Nos últimos tempos, … morrido alguns artistas que admiro.
   - **A** foram
   - **B** ficaram
   - **C** têm

6. Neste filme, todos os criminosos … presos.
   - **A** foram
   - **B** ficaram
   - **C** têm

7. No início do espetáculo, todas as luzes … acesas.
   - **A** ficam
   - **B** têm
   - **C** estão

8. O título da exposição é "Todos os rios … secos."
   - **A** têm
   - **B** ficaram
   - **C** estão

Module 20
VOCABULÁRIO

Culture

aplaudir	*applaudir*
deslumbrante	*superbe, éblouissant*
digressão	*tournée*
enigmático	*énigmatique*
escultura	*sculpture*
espetador	*spectateur*
ficção científica	*science-fiction*
imperdível	*incontournable*
marcar encontro	*se donner rendez-vous*
palco	*scène*
papel	*rôle*
peça de teatro	*pièce de théâtre*
pintura	*peinture*
plateia	*parterre, public*
teatro de revista	*revue*
ter piada	*être drôle*

Module 20
SOLUÇÕES

As bases

PAGES 188-189 – Activités culturelles
1 **B** 2 **A** 3 **A** 4 **B** 5 **A** 6 **B** 7 **A** 8 **B**
1 **A** 2 **B** 3 **A** 4 **A** 5 **B** 6 **A**

PAGES 189-190 – La concession
1 **A** 2 **A** 3 **B** 4 **A** 5 **B** 6 **A**

PAGES 190-191 – Exprimer l'accord
1 **A** 2 **B** 3 **A** 4 **B** 5 **A** 6 **B**

PAGE 191 – Un peu de traduction
1 **A** 2 **B** 3 **B** 4 **A** 5 **B**

PAGE 192 – Les pronoms relatifs
1 **B** 2 **A** 3 **B** 4 **B** 5 **A** 6 **A**

PAGES 192-193 – Le pronom **cujo**
1 **C** 2 **B** 3 **C** 4 **A** 5 **C**

PAGES 193-194 – Le participe passé régulier
1 **B** 2 **A** 3 **B** 4 **A** 5 **A** 6 **B**

PAGES 194-195 – Le participe passé double
1 **A** 2 **B** 3 **A** 4 **B** 5 **A** 6 **B** 7 **B** 8 **A**
1 **A**,**C** 2 **B**,**C** 3 **A** 4 **B** 5 **C** 6 **A**,**B** 7 **A**,**C** 8 **B**,**C**

Vous avez obtenu entre 0 et 16 ? Oups ! Il faut revoir les bases.
Vous avez obtenu entre 17 et 33 ? Moyen. Un peu plus d'effort.
Vous avez obtenu entre 34 et 50 ? Pas mal du tout ! Continuez.
Vous avez obtenu 51 et plus ? Parabéns! *Félicitations !* Vous êtes sur la bonne voie.

Module 21
AS BASES

Focus Faire des suggestions

Complétez les phrases.

Corrigé page 207

1. ... visitarmos a igreja do século XVIII?

   A Querem   **B** O que acham de

2. ... ir primeiro à Catedral e depois à zona baixa da cidade.

   A Vamos   **B** Podíamos

3. ... vamos ao Jardim Botânico.

   A Sugiro que   **B** Acho que

4. ... ficássemos mais uns dias?

   A Acham que   **B** E se

5. Em dois dias ... visitar o Museu do Azulejo, a Livraria e o Castelo.

   A podem   **B** desejam

6. ... os vários miradouros da cidade.

   A Gostam   **B** Recomendo

Focus Visiter

Associez chaque phrase à l'idée qu'elle exprime.

1. Desculpe, onde fica a fonte principal?

   A pedir uma informação   **B** fazer uma sugestão

2. Vai sempre em frente e a ponte fica à sua esquerda.

   A perguntar a direção   **B** indicar a direção

Module 21
AS BASES

3. Sugerimos que não deixem de dar um passeio no rio.

    A fazer uma sugestão **B** exprimir um desejo

4. Qual é o caminho para o Palácio de Cristal?

    A perguntar a direção **B** fazer uma sugestão

5. Quais são os melhores dias para ir ao Oceanário?

    A pedir uma informação **B** perguntar a direção

6. É preferível reservar o hotel.

    A pedir uma sugestão **B** fazer uma sugestão

Focus Demander son chemin

Choisissez les verbes adéquats.

Corrigé page 207

1. Por favor, como se ... para o posto de turismo?

    A vai **B** anda

2. Desculpe, por onde devemos ... para ... à avenida principal?

    A andar ... continuar **B** ir ... chegar

3. Pode ... o caminho para o hotel?

    A perguntar-nos **B** indicar-nos

4. Indo por esta rua ... à estação?

    A chego **B** encontro

5. Se eu ... à direita encontro a biblioteca?

    A andar **B** virar

Module 21
AS BASES

6. Para ... pelo mercado devo ... em frente?

   A passar ... ir
   B vindo ... ir

Focus — Indiquer le chemin

Corrigé page 207

Complétez les phrases.

1. Na rua ... a esta fica a galeria de arte que procura.

   A ao fundo
   B paralela

2. O mapa indica que devemos virar na próxima ...

   A esquina.
   B cruzamento.

3. ... da avenida há vários pontos de interesse.

   A Passar
   B No final

4. Tem de ir ... e manter-se à ...

   A em frente ... esquerda.
   B direito ... esquerda.

5. Deve ... toda a rua e depois ...

   A ir ... descer.
   B subir ... descer.

6. ... a descer e ... para trás nos próximos semáforos.

   A Continue ... volte
   B Vá ... siga

Focus — Les directions

Choisissez la bonne traduction.

1. Tournez à droite et continuez tout droit.

   A Vire à direita e continue sempre em frente.

   B Vire à direita e continue sempre direito.

Module 21
AS BASES

2. Remontez l'avenue et restez sur votre gauche.

   A Monte a avenida e fique à esquerda.

   B Suba a avenida e mantenha-se à (sua) esquerda.

3. Tournez à droite au carrefour.

   A Torne à direita no cruzamento.

   B Vire à direita no cruzamento.

4. Passez par le parc et vous trouverez la fontaine.

   A Passe pelo parque e encontrará a fonte.

   B Passe ao parque e encontrará o fonte.

5. Descendez toute la rue jusqu'à l'office de tourisme.

   A Desçam toda a rua antes do ofício de turismo.

   B Desçam a rua toda até ao posto de turismo.

Focus Les locutions de lieu

Trouvez l'équivalent portugais.

Corrigé page 207

1. tout droit

   A tudo a direito   **B** em frente

2. près de

   A perto de   **B** cerca de

3. loin de

   A longe de   **B** ao longo de

Module 21
AS BASES

Corrigé page 207

4. à côté de
   - **A** lado de
   - **B** ao lado de

5. à droite de
   - **A** à direita de
   - **B** a direito de

6. à gauche de
   - **A** em esquerda de
   - **B** à esquerda de

7. du côté gauche
   - **A** do lado esquerdo
   - **B** de lado esquerdo

Focus La voix active et la voix passive

Indiquez si les phrases sont à la voix active (**voz ativa**) *ou à la* voix passive (**voz passiva**).

1. Os azulejos desta igreja foram pintados por um anónimo.
   - **A** voz ativa
   - **B** voz passiva

2. Gustave Eiffel projetou a ponte Maria Pia no Porto.
   - **A** voz ativa
   - **B** voz passiva

3. O museu é visitado todos os anos por milhares de pessoas.
   - **A** voz ativa
   - **B** voz passiva

4. Milhares de pessoas visitam o museu todos os anos.
   - **A** voz ativa
   - **B** voz passiva

5. O mapa da cidade foi desenhado por dois irmãos.
   - **A** voz ativa
   - **B** voz passiva

Module 21
AS BASES

6. A reserva do hotel foi feita por ti?

   A voz ativa   **B** voz passiva

7. Fizeste a reserva do hotel?

   A voz ativa   **B** voz passiva

Astuce Le passif indique une action subie par le sujet grammatical. La voix passive se construit avec l'auxiliaire **ser** et le participe passé du verbe principal accordé au sujet de la phrase. L'agent, celui qui fait l'action, est introduit par la préposition **por** *par* (**O quadro foi pintado por um artista do surrealismo.**). Le temps de l'auxiliaire **ser** et le temps du verbe principal à la voix active est le même (**Um artista do surrealismo pintou o quadro.**).

Focus La voix passive

Complétez les phrases.

Corrigé page 207

1. O posto de turismo ... em 1999 ... Câmara Municipal.

   A foi criado ... pela   **B** é criado ... por a

2. As caves do vinho do Porto ... turistas estrangeiros e nacionais.

   A são vista por os   **B** são vistas por

3. O carro ... mim e ... Julieta.

   A foi conduzido para ... para a   **B** foi conduzido por ... pela

4. Muitas pessoas ... paisagem da região.

   A são atraídas pela   **B** são atraídos pela

5. Os quartos já ... empregada do hotel.

   A foram arrumados pela   **B** foram arrumados por a

6. O jantar ... ti?

   A foi pagado por   **B** foi pago por

Module 21
AS BASES

Pour chaque phrase passive donnée, quel est son équivalent à la voix active ?

1. A Catedral foi restaurada por duas empresas diferentes.

   A Duas empresas diferentes restauram a Catedral.

   B Duas empresas diferentes restauraram a Catedral.

   Corrigé page 207

2. O novo Centro de Exposições foi inaugurado pelo presidente.

   A O presidente inaugurou o novo Centro de Exposições.

   B O presidente foi inaugurado o novo Centro de Exposições.

3. Os bilhetes para o museu são comprados pelos visitantes com muita antecedência.

   A Os visitantes compraram os bilhetes para o museu com muita antecedência.

   B Os visitantes compram os bilhetes para o museu com muita antecedência.

4. O passeio de barco pode ser feito a qualquer hora por ti.

   A Tu podes fazer o passeio de barco a qualquer hora.

   B Tu podias fazer o passeio de barco a qualquer hora.

5. Foram encontradas novas construções pelos arqueólogos.

   A Os arqueólogos encontram novas construções.

   B Os arqueólogos encontraram novas construções.

6. O plano da visita vai ser feito por mim ainda hoje.

   A Vou fazer o plano da visita ainda hoje.

   B Faço o plano da visita ainda hoje.

Module 21
AS BASES

Choisissez la bonne traduction.

Corrigé page 207

1. Est-ce que Marlene a trouvé le carrefour ?

   A O cruzamento foi encontrado pela Marlene?

   B A Marlene encontrou o cruzamento?

2. L'exposition est inaugurée ce soir ?

   A A exposição é inaugurada hoje à noite?

   B A exposição foi inagurada hoje à noite?

3. On a ouvert les portes de la librairie à 9 heures.

   A As portas da livraria foram abertas às 9 horas.

   B Abriram as portas da livraria às 9 horas.

4. Le voyage en train a été reporté d'un jour par l'agence de voyages.

   A A viagem de comboio ficou adiado por um dia por a agência de viagens.

   B A viagem de comboio foi adiada por um dia pela agência de viagens.

5. Le guide touristique va annoncer tous les points d'intérêt de la région.

   A A guia turística vai anunciar todos os pontos de interesse da região.

   B A guia turística foi anunciar todos os pontos de interesse da região.

6. L'avenue a été décorée par les habitants du quartier.

   A A avenida foi decorada pelos habitantes do bairro.

   B A avenida foi decorada por os habitantes do bairro.

> **Astuce** Quand l'agent n'est pas exprimé (**Os turistas foram informados do novo horário do restaurante.**) le sujet de la phrase à la voix active est indéterminé (**Informaram os turistas do novo horário do restaurante.**).

Module 21
VOCABULÁRIO

Substantifs

arqueólogos	*archéologues*
azulejos	*carreaux de faïence*
bairro	*quartier*
Câmara Municipal	*mairie*
esquina	*coin*
miradouro	*belvédère*
posto de turismo	*office de tourisme*

Verbes de direction

continuar	*continuer*
descer	*descendre*
subir	*monter*
virar	*tourner*
voltar	*tourner*

Module 21
SOLUÇÕES

As bases

VOTRE SCORE :

PAGE 198 – Faire des suggestions
1 **B** 2 **B** 3 **A** 4 **B** 5 **A** 6 **B**

PAGES 198-199 – Visiter
1 **A** 2 **B** 3 **A** 4 **A** 5 **A** 6 **B**

PAGES 199-200 – Demander son chemin
1 **A** 2 **B** 3 **B** 4 **A** 5 **B** 6 **A**

PAGE 200 – Indiquer le chemin
1 **B** 2 **A** 3 **B** 4 **A** 5 **B** 6 **A**

PAGES 200-201 – Les directions
1 **A** 2 **B** 3 **B** 4 **A** 5 **D**

PAGES 201-202 – Les locutions de lieu
1 **B** 2 **A** 3 **A** 4 **B** 5 **A** 6 **B** 7 **A**

PAGES 202-203 – La voix active et la voix passive
1 **B** 2 **A** 3 **B** 4 **A** 5 **B** 6 **B** 7 **A**

PAGES 203-205 – La voix passive
1 **A** 2 **B** 3 **B** 4 **A** 5 **A** 6 **B**
1 **B** 2 **A** 3 **B** 4 **A** 5 **B** 6 **A**
1 **B** 2 **A** 3 **B** 4 **B** 5 **A** 6 **A**

Vous avez obtenu entre 0 et 15 ? Oups ! Il faut revoir les bases.

Vous avez obtenu entre 16 et 31 ? Moyen. Un peu plus d'effort.

Vous avez obtenu entre 32 et 49 ? Pas mal du tout ! Continuez.

Vous avez obtenu 50 et plus ? Parabéns! *Félicitations !* Vous êtes sur la bonne voie.

Module 22
AS BASES

Focus Les différents types d'hébergement

Corrigé page 217

Trouvez l'équivalent en français.

1. pousada
   - **A** pension
   - **B** auberge

2. residencial
   - **A** pension
   - **B** hôtel

3. pousada da juventude
   - **A** maison de jeunesse
   - **B** auberge de jeunesse

4. hotel rural
   - **A** hôtel rural
   - **B** pension

5. estalagem
   - **A** hôtel rural
   - **B** auberge

6. pensão
   - **A** gîte
   - **B** pension

> **Astuce** Les **residenciais** sont des hébergements semblables aux **pensões** (établissements à prix bas et de qualité variable), mais elles ne proposent que le petit-déjeuner. Les **pousadas** font partie d'un réseau public d'établissements hôteliers alors que les **estalagens** appartiennent à des groupes privés. Contrairement aux **pousadas**, qui offrent des services et des prestations haut de gamme, étant souvent installées dans des édifices historiques, les **pousadas da juventude** sont des établissements au confort modéré, très bon marché.

Module 22
AS BASES

Trouvez la définition qui correspond au type d'hébergement énoncé.

Corrigé page 217

1. pousada

    A estabelecimento hoteleiro de gama alta

    B hotel numa zona rural

2. pousada da juventude

    A alojamento em edifícios históricos como castelos, palácios e mosteiros

    B alojamento a preços reduzidos especialmente destinado a jovens

3. pensão

    A estabelecimento de luxo

    B estabelecimento hoteleiro de preço reduzido

4. residencial

    A estabelecimento destinado a uma estadia longa

    B estabelecimento destinado a uma estadia curta

5. estalagem

    A pequeno hotel no centro histórico

    B pequeno hotel que oferece alojamento e alimentação a preços acessíveis

Focus Réservar une chambre d'hôtel

Complétez les phrases.

1. Vou ligar para a ... do hotel para ... o quarto.

    A entrada ... alugar   **B** receção ... reservar

Module 22
AS BASES

2. Queria reservar um quarto ..., por favor.

   A duplo   **B** agora

3. No regime de ..., o jantar está incluído?

   A grande-pensão   **B** meia-pensão

4. Gostaria de um quarto com ..., se possível.

   A vista para o mar   **B** cozinha

5. É um hotel de quantas ...?

   A luas   **B** estrelas

6. Lamento, mas para esta noite já não temos ...

   A vagas.   **B** lugares.

Sélectionnez la réponse qui exprime le contraire.

1. Prefere um quarto duplo?

   A Não, prefiro um quarto com casa de banho.

   B Não, um quarto individual é suficiente.

2. Vai ser em regime de meia-pensão?

   A Não, é em regime de pensão completa.

   B Não, é em regime de pensão única.

3. Pretende fazer uma reserva?

   A Estou a telefonar para cancelar a reserva que fiz.

   B Estou a telefonar para antecipar a reserva que fiz.

Module 22
AS BASES

4. A cama que escolheu é individual?

   A Não, é uma cama dupla.

   B Não, é uma cama de casal.

5. A que horas é o check-in?

   A A entrada no hotel pode ser feita até às 12 horas.

   B O check-out pode ser feito até às 12 horas.

Corrigé page 217

6. Deseja um quarto com vista para a piscina?

   A Não, prefiro um quarto sem vista para a piscina.

   B Não, quero antes um quarto com vista para o jardim.

Focus Un peu de traduction

Choisissez la traduction adéquate.

1. Quando era mais novo, gostava de ficar alojado em pousadas da juventude.

   A Quand il était plus jeune, il aimait séjourner dans des auberges.

   B Quand j'étais plus jeune, j'aimais séjourner dans des auberges de jeunesse.

2. O hotel de quatro estrelas está cheio.

   A L'hôtel quatre étoiles est complet.

   B L'hôtel quatre étoiles n'a plus de place.

3. Lamentamos, mas a vossa reserva foi cancelada.

   A Nous regrettons car votre réservation a été annulée.

   B Nous le regrettons, mais votre réservation a été annulée.

Module 22
AS BASES

4. O quarto da residencial tinha uma vista magnífica para o pôr do sol.

   A La chambre de la résidence avait une vue magnifique sur le coucher de soleil.

   B La chambre de la pension avait une vue magnifique sur le coucher de soleil.

5. Em pensão completa estão incluídas as três refeições.

   A En pension complète, les trois repas sont compris.

   B En demi-pension, les deux repas sont compris.

Corrigé page 217

Focus La proposition causale explicative

Complétez les phrases à l'aide des conjonctions et des locutions adéquates.

1. ... o hotel está completo, temos de encontrar uma alternativa.

   A Quando **B** Dado que

2. ... estamos a gostar tanto de estar aqui, vamos prolongar a nossa estadia.

   A Visto que **B** Visto

3. ... já está a ficar tarde, é melhor procurares um alojamento.

   A Uma vez **B** Como

4. ... o hotel não tem pensão completa, vamos almoçar ao hotel rural.

   A Dado **B** Uma vez que

5. ... estamos perto da pousada, vamos entrar e ver como é no interior.

   A Já que **B** Como que

6. ... não reservámos quarto, temos de aceitar o que nos propõem.

   A Como **B** Já

Module 22
AS BASES

Quel élément de la phrase n'est pas correct ?

1. Como que há muitos turistas, todos os hotéis estão completos.

   A há   **B** que

2. Dado esta pousada oferece serviços de luxo, os preços são muito altos.

   A Dado   **B** luxo

3. Já somos dois, escolhemos um quarto duplo com camas individuais.

   A individuais   **B** Já

4. Visto a receção está encerrada, voltamos amanhã.

   A encerrada   **B** Visto

5. Uma vez não há quartos com vista para a rua, escolho um com vista para o pátio interior.

   A Uma vez   **B** pátio

6. Como que o check out é antes de almoço, ainda temos tempo para passear.

   A que   **B** de

Astuce La proposition causale explicative est introduite par les expressions **como**, **dado que**, **visto que**, **uma vez que** et **já que**. Le verbe est à l'indicatif, exprimant une cause réelle.

Focus Le *pretérito mais-que-perfeito composto*

Choisissez le temps adéquat.

1. Quando cheguei à pousada, tu já ...

   A chegavas.   **B** tinhas chegado.

Module 22
AS BASES

2. Os meus pais já ... neste hotel de luxo.

   A tinham estado **B** têm estado

3. Ele não queria uma pensão, pois já ... essa experiência.

   A tinha tido **B** tinhas tido

4. Encontrei o Rui na receção do hotel. Ele ... a fazer o check-in.

   A está **B** tinha estado

5. Eles ficaram um pouco nervosos porque nunca ... neste site.

   A tinham reservado **B** tiveram reservado

6. Eu estava contente porque não ... o pequeno-almoço.

   A tenho incluído **B** tinham incluído

Liez les deux parties de la phrase.

1. Quando falei contigo ...

   A tu já tinhas escolhido o tipo de quarto.

   B tu ainda não tens escolhido o tipo de quarto.

2. Vocês prefeririam pensão completa ...

   A porque já pagaram a comida do hotel.

   B porque já tinham provado a comida do hotel.

3. O rececionista pediu desculpa pelo cancelamento da reserva,

   A pois tem havido um problema informático.

   B pois tinha havido um problema informático.

Module 22
AS BASES

> **Astuce** Le **pretérito mais-que-perfeito composto** se forme avec l'auxiliaire **ter** à l'imparfait de l'indicatif suivi du participe passé du verbe principal. Il situe un événement dans un temps passé, antérieur à un autre temps passé.

Focus Un peu de traduction

Corrigé page 217

Choisissez la bonne traduction.

1. Nous n'étions jamais venus dans cet hôtel rural.

    A Nós nunca temos vindo a este hotel rural.

    B Nós nunca tínhamos vindo a este hotel rural.

2. Quand tu es sorti de l'auberge, le réceptionniste n'était pas encore arrivé.

    A Quando saíste da pousada, o rececionista ainda não tinha chegado.

    B Quando saíste da pousada, o rececionista chegou.

3. Est-ce que tu avais vu que les chambres donnent sur la mer ?

    A Já tinha visto que as quartos dão para o mar?

    B Já tinhas visto que os quartos dão para o mar?

Module 22
VOCABULÁRIO

Hébergements

antecipar *vs* adiar	*anticiper, avancer* vs *reporter*
cancelamento	*annulation*
cancelar	*annuler*
estadia	*séjour*
ficar alojado	*séjourner*
gama alta	*haut de gamme*
luxo	*luxe*
mosteiro	*monastère*
pousada	*auberge*
pousada da juventude	*auberge de jeunesse*
pensão	*pension*
residencial	*pension*
estalagem	*auberge*

Conjonctions et locutions causales explicatives

como	*comme*
dado que	*étant donné que*
já que	*puisque*
uma vez que	*étant donné que*
visto que	*vu que*

Module 22
SOLUÇÕES

As bases

VOTRE SCORE :

PAGES 208-209 – Les différents types d'hébergement
1 **B** 2 **A** 3 **B** 4 **A** 5 **B** 6 **B**
1 **A** 2 **B** 3 **B** 4 **A** 5 **B**

PAGES 209-211 – Réserver une chambre d'hôtel
1 **B** 2 **A** 3 **B** 4 **A** 5 **B** 6 **A**
1 **B** 2 **A** 3 **A** 4 **B** 5 **B** 6 **A**

PAGES 211-212 – Un peu de traduction
1 **B** 2 **A** 3 **B** 4 **B** 5 **A**

PAGES 212-213 – La proposition causale explicative
1 **B** 2 **A** 3 **B** 4 **B** 5 **A** 6 **A**
1 **B** 2 **A** 3 **B** 4 **B** 5 **A** 6 **A**

PAGES 213-215 – Le **pretérito mais-que-perfeito composto**
1 **B** 2 **A** 3 **A** 4 **B** 5 **A** 6 **B**
1 **A** 2 **B** 3 **B**

PAGE 215 – Un peu de traduction
1 **B** 2 **A** 3 **B**

Vous avez obtenu entre 0 et 13 ? Oups ! Il faut revoir les bases.
Vous avez obtenu entre 14 et 30 ? Moyen. Un peu plus d'effort.
Vous avez obtenu entre 31 et 45 ? Pas mal du tout ! Continuez.
Vous avez obtenu 46 et plus ? Parabéns! *Félicitations !* Vous êtes sur la bonne voie.

Module 23
AS BASES

Focus Acheter un billet de train

Introduisez le mot qui convient dans chaque phrase. Il peut y avoir plusieurs réponses correctes.

1. Um bilhete para o comboio … que vai para Coimbra, por favor.

   A intercidades   **B** das 10h

2. O comboio com … a Viseu chega a que horas?

   A destino   **B** origem

3. O seu bilhete é inteiro ou com …?

   A metade   **B** desconto

4. Em que … se encontra o comboio?

   A linha   **B** plataforma

5. Desculpe, prefiro um bilhete de segunda …

   A classe.   **B** categoria.

6. O seu bilhete é de … ou só de ida?

   A ida e regresso   **B** ida e volta

7. Já não há … para o Alfa Pendular.

   A vagas   **B** lugares

8. Aqui tem o seu bilhete: … sete, lugar 22.

   A carruagem   **B** carro

Corrigé page 228

Module 23
AS BASES

Focus **Les différents types de trains**

Trouvez la bonne définition.

1. Comboio urbano

    A Train qui circule dans une ville.

    B Train qui lie les grandes villes à leur périphérie.

2. Comboio regional

    A Train qui s'arrête dans toutes les gares du réseau national.

    B Train qui dessert les différentes régions.

3. Comboio Alfa Pendular

    A Train qui lie le Portugal à l'Espagne.

    B Train national le plus rapide.

4. Comboio interregional

    A Train qui assure la desserte régionale.

    B Train qui s'arrête dans toutes les villes.

5. Comboio intercidades

    A Train qui relie les différents villages du pays.

    B Train qui relie les principales villes du pays.

Module 23
AS BASES

Focus Voyager en train

Complétez les phrases.

> Corrigé page 228

1. O seu comboio acabou de partir da …
   - **A** carruagem.
   - **B** estação.

2. O … dá um desconto de 25% no preço dos bilhetes.
   - **A** cartão dos jovens
   - **B** cartão jovem

3. Para … e … , o desconto é de 50%.
   - **A** crianças … seniores
   - **B** adulto … seniores

4. Se comprar os bilhetes com pelo menos cinco dias de …, há desconto no preço.
   - **A** antecedência
   - **B** antecipação

5. Nos comboios regionais, não há lugares …
   - **A** certos.
   - **B** marcados.

Chassez l'intrus.

1. comboio de …
   - **A** mercadorias
   - **B** cidades
   - **C** passageiros

2. desconto …
   - **A** para maiores de 65 anos
   - **B** para crianças
   - **C** para pessoas

3. bilhete de …
   - **A** voltar
   - **B** ida e volta
   - **C** ida

Module 23
AS BASES

4. estação ...

    A de comboios   **B** de aviões   **C** de metro

5. origem e ...

    A chegada   **B** comboio   **C** destino

Choisissez la bonne traduction.

1. Por vezes, compro os bilhetes na bilheteira.

    A Parfois, j'achète les billets en ligne.

    B Parfois, j'achète les billets au guichet.

2. Nesta estação não circulam comboios de mercadorias.

    A Dans cette gare, les trains de fret ne circulent pas.

    B Dans cette station, les trains ne circulent pas.

3. A sua carruagem é a 18 e o seu lugar é o 5B.

    A Votre voiture, c'est la 18 et votre siège, c'est le 5B.

    B Votre voiture, c'est la 18 et votre quai, c'est le 5B.

4. Os comboios urbanos do Porto circulam com um ligeiro atraso.

    A Les trains « urbanos » de Porto circulent à l'heure.

    B Les trains « urbanos » de Porto circulent avec un léger retard.

5. Podes comprar os teus bilhetes nas máquinas de venda automática.

    A Tu peux acheter les billets aux distributeurs de vente automatique.

    B Tu peux acheter tes billets aux distributeurs automatiques.

Module 23
AS BASES

Focus Les prépositions et les transports

Corrigé page 228

Choisissez la ou les bonne(s) préposition(s).

1. Vou ... comboio das 11h.
   - **A** em
   - **B** de
   - **C** no

2. Vais viajar ... comboio ou ... autocarro?
   - **A** no ... em
   - **B** de ... de
   - **C** do ... de

3. Nunca andaste ... barco ?
   - **A** de
   - **B** no
   - **C** em

4. Ontem, viajei ... comboio intercidades.
   - **A** num
   - **B** em
   - **C** de

5. Eles foram ... comboio que estava na linha 3.
   - **A** de
   - **B** no
   - **C** em

Choisissez la bonne préposition. Il peut y avoir plusieurs réponses possibles.

1. Os meus tios não foram ... comboio regional.
   - **A** num
   - **B** no
   - **C** de

2. Preferes ir ... carruagens de primeira ou de segunda classe?
   - **A** das
   - **B** nas
   - **C** numas

3. Viajar ... comboio Alfa Pendular é rápido e confortável.
   - **A** no
   - **B** de
   - **C** num

4. Vamos ... comboio e depois apanhamos o metro.
   - **A** em
   - **B** de
   - **C** do

Module 23
AS BASES

5. Nas grandes cidades, pode-se andar ... comboios urbanos.

   A nos **B** de **C** em

Astuce La préposition **de**, sans contraction avec les articles définis, s'emploie quand on parle d'un moyen de transport sans déterminer lequel (**Na semana passada, andei de comboio.**). Lorsqu'on parle d'un transport en particulier, on utilise la préposition **em** contractée ou non avec les articles définis (**o/a**, **os/as**) ou indéfinis (**um/uma**, **uns/umas**) (**Na semana passada, andei no/num comboio intercidades.**).

Focus Le discours indirect

Complétez les phrases au discours indirect avec les temps verbaux qui conviennent.

Corrigé page 228

1. João: "Chego pelas 14 horas."
   – O João disse que ... pelas 14 horas.

   A chegava **B** chego

2. Maria: "João, perdeste o comboio?"
   – A Maria perguntou ao João se ele ... o comboio.

   A perde **B** tinha perdido

3. Lília: "António, dizes-me qual é o próximo comboio, por favor?"
   – A Lília pediu ao António para ele lhe ... qual ... o comboio seguinte.

   A dizer ... era **B** diz ... é

4. Pedro: "Prefiro andar no comboio regional do que no intercidades."
   – O Pedro afirmou que ... andar no comboio regional do que no intercidades.

   A preferia **B** preferiu

5. Íris: "De que linha partiu o comboio que chegou com atraso?"
   – A Íris perguntou de que linha ... o comboio que ... com atraso.

   A tem partido ... tinha chegado **B** tinha partido ... tinha chegado

Module 23
AS BASES

> **Astuce** Le passage du discours direct au discours indirect entraîne quelques changements. Il faut utiliser un verbe introducteur comme **dizer (que)**, **afirmar (que)**, **declarar (que)**, **responder (que)**, **perguntar (se)**, **pedir (se)**, **ordenar (que)**, etc. Quand le verbe du discours direct est au présent, il passe à l'imparfait au discours indirect (**"O desconto para crianças é de 50%."** – **A senhora disse que o desconto para crianças <u>era</u> de 50%.**). Quand le verbe au discours direct est au **pretérito perfeito simples**, il passe au **pretérito mais-que-perfeito composto** au discours indirect (**"O desconto para crianças foi de 50%."** – **A senhora disse que o desconto para crianças <u>tinha sido</u> de 50%.**).

Complétez les phrases au discours indirect avec les possessifs et les démonstratifs adéquats.

1. André: "O meu pai comprou o bilhete na estação."
   – O André afirmou que o pai … tinha comprado o bilhete na estação."
   - **A** dele
   - **B** seu

2. Luís: "Os nossos primos chegam no comboio que vem de Lamego."
   – O Luís disse que os primos … chegavam no comboio que vinha de Lamego.
   - **A** nossos
   - **B** deles

3. Sara: "Esse lugar está livre?"
   – A Sara perguntou se … lugar estava livre.
   - **A** esse
   - **B** aquele

4. Rui: "Estes bilhetes foram comprados há meia-hora."
   – O Rui declarou que … bilhetes tinham sido comprados há meia-hora.
   - **A** aqueles
   - **B** aquele

5. Bruna: "Mara e Vera, qual é a vossa carruagem?"
   – A Bruna perguntou à Mara e à Vera qual era a carruagem …
   - **A** delas.
   - **B** sua.

Corrigé page 228

Module 23
AS BASES

> **Astuce** Lors du passage du discours direct au discours indirect, les possessifs de la première et deuxième personnes du singulier ou du pluriel (**meu/s**, **teu/s**, **minha/s**, **tua/s**, **nosso/s**, **vosso/s**, **nossa/s**, **vossa/s**) prennent la forme de la troisième personne du singulier ou du pluriel (**seu/s**, **sua/s**, **dele/s**, **dela/s**) (**Artur: "O meu irmão nunca anda de comboio." – O Artur disse que o <u>seu irmão/o irmão dele</u> nunca andava de comboio.**). Les démonstratifs **este/s**, **esta/s**, **esse/s**, **essa/s**, **isto** et **isso** deviennent respectivement **aquele/s**, **aquela/s** et **aquilo** (**Dulce: "Essas carruagens são de primeira classe." – A Dulce informou que <u>aquelas</u> carruagens eram de primeira classe.**).

Complétez les phrases au discours indirect avec les adverbes de lieu et de temps adéquats.

Corrigé page 228

1. Adriana: "Vou apanhar o comboio intercidades agora."
   – A Adriana disse que ia apanhar o comboio intercidades ...
   - **A** então.
   - **B** naquele momento.

2. Paulo: "Ontem fui de Lisboa ao Porto no Alfa Pendular."
   – O Paulo afirmou que ... tinha ido de Lisboa ao Porto no Alfa Pendular.
   - **A** no dia antes
   - **B** no dia anterior

3. Ana: "O comboio parte daqui pelas 12 horas."
   – A Ana declarou que o comboio partia ... pelas 12 horas.
   - **A** de lá
   - **B** daí

4. Ivo: "Na próxima semana sai daqui um comboio de mercadorias em direção a Aveiro."
   – O Ivo disse que na ... saía ... um comboio de mercadorias em direção a Aveiro.
   - **A** semana próxima ... dali
   - **B** semana seguinte ... de lá

5. Sandra: "Cá não há máquinas de venda automática de bilhetes."
   – A Sandra disse que ... não havia máquinas de venda automática de bilhetes.
   - **A** aqui
   - **B** lá

Module 23
AS BASES

Corrigé page 228

José: "Joana, amanhã podes comprar os bilhetes para o Algarve?"
6. – O José perguntou à Joana se ... ela podia comprar os bilhetes para o Algarve?

- **A** no dia seguinte
- **B** no próximo dia

7. Sónia: "Os descontos não estão disponíveis hoje."
– A Sónia declarou que os descontos não estavam disponíveis ...

- **A** no dia.
- **B** naquele dia.

8. Marco: "No mês passado, apanhei o comboio urbano quase todos os dias."
– O Marco afirmou que ... tinha apanhado o comboio urbano quase todos os dias.

- **A** no outro mês
- **B** no mês anterior

Astuce Lors du passage du discours direct au discours indirect, les adverbes et locutions de temps et les adverbes de lieu changent de forme. Voici les correspondances pour les expressions de temps : **agora-naquele momento** ; **hoje-naquele dia** ; **ontem-no dia anterior** ; **amanhã-no dia seguinte** ; **na próxima semana-na semana seguinte** ; **no mês/ano passado-no mês/ano seguinte**. Pour les adverbes de lieu, les correspondances sont les suivantes : **aqui-ali**, **lá**; **cá-lá**.

Module 23
VOCABULÁRIO

Voyager en train

bilheteira	*guichet*
caixa multibanco	*distributeur de billets*
cartão de desconto	*carte de réduction*
cartão jovem	*carte jeune*
carruagem	*voiture*
comboio de mercadorias	*train de marchandises/de fret*
comboio de passageiros	*train de voyageurs*
comboio interregional	*train interrégional*
comboio regional	*train régional*
comboio intercidades	*train interurbain*
comboio urbano	*train urbain*
destino	*destination*
ida e volta	*aller-retour*
linha	*ligne*
lugar	*place, siège*
máquina de venda automática de bilhetes	*distributeur automatique de billets*
plataforma	*quai*
procedência	*origine, provenance*

Module 23
SOLUÇÕES

As bases

PAGE 218 – Acheter un billet de train
1 **A**,**B** 2 **A** 3 **B** 4 **A**,**B** 5 **A** 6 **B** 7 **B** 8 **A**

PAGE 219 – Les différents types de train
1 **B** 2 **A** 3 **B** 4 **A** 5 **B**

PAGES 220-221 – Voyager en train
1 **B** 2 **B** 3 **A** 4 **A** 5 **B**
1 **B** 2 **C** 3 **A** 4 **B** 5 **B**
1 **B** 2 **A** 3 **A** 4 **B** 5 **B**

PAGES 222-223 – Les prépositions et les transports
1 **C** 2 **B** 3 **A** 4 **A** 5 **B**
1 **A**,**B** 2 **B**,**C** 3 **A**,**C** 4 **B** 5 **A**,**C**

PAGES 223-226 – Le discours indirect
1 **A** 2 **B** 3 **A** 4 **A** 5 **B**
1 **A** 2 **B** 3 **B** 4 **A** 5 **A**
1 **B** 2 **B** 3 **A** 4 **B** 5 **B** 6 **A** 7 **B** 8 **B**

Vous avez obtenu entre 0 et 14 ? Oups ! Il faut revoir les bases.
Vous avez obtenu entre 15 et 30 ? Moyen. Un peu plus d'effort.
Vous avez obtenu entre 31 et 45 ? Pas mal du tout ! Continuez.
Vous avez obtenu 46 et plus ? Parabéns! *Félicitations !* Vous êtes sur la bonne voie.

Module 24
AS BASES

Focus Voyager en avion

Exprimez l'idée contraire.

Corrigé page 238

1. Esse voo é direto?

   A Esse voo é indireto?

   B Esse voo tem escala?

2. O avião acabou de aterrar.

   A O avião acabou de chegar.

   B O avião acabou de descolar.

3. Deve dirigir-se à zona das partidas.

   A Deve dirigir-se à zona das chegadas.

   B Deve dirigir-se à zona de levantar voo.

4. O seu voo está atrasado.

   A O seu voo vai partir à hora prevista.

   B O seu voo vai partir dentro de meia hora.

5. Pretende viajar em classe económica?

   A Pretende viajar em classe baixa?

   B Pretende viajar em classe executiva?

Focus À l'aéroport

Complétez les phrases.

1. Despacha-te, o … está quase a fechar!

   A check-in   **B** embarque

Module 24
AS BASES

Corrigé page 238

2. Os ... da nossa companhia aérea são o 22 e o 23.
   - **A** registos
   - **B** balcões

3. O painel eletrónico indica que o nosso voo foi ...
   - **A** cancelado.
   - **B** anulado.

4. Tens bagagens de ...
   - **A** porão?
   - **B** registo?

5. A porta de ... é a 3A.
   - **A** entrada
   - **B** embarque

6. Trouxeram os vossos cartões de ...
   - **A** embarque?
   - **B** crédito?

Focus Exprimer la déception

Choisissez l'expression qui exprime la déception.

1. ... O nosso voo foi cancelado.
   - **A** Oh, não!
   - **B** Ufa!

2. ... Acabámos de perder o avião!
   - **A** Não gosto!
   - **B** Não acredito!

3. ... com esta companhia aérea!
   - **A** Estou desiludido
   - **B** Estou satisfeito

4. Esta viagem tem sido uma ...
   - **A** maravilha!
   - **B** deceção!

Module 24
AS BASES

5. É ... como nada correu como previsto!

   A inacreditável **B** tranquilizante

6. Estamos ... com alguns membros da tripulação.

   A admirados **B** desapontados

Focus Les proverbes

Complétez ces proverbes.

Corrigé page 238

1. Quem não ..., não petisca.

   A come **B** viaja **C** arrisca

2. Amigos, amigos, ... à parte.

   A negócios **B** amores **C** viagens

3. Quem ri ..., ri melhor.

   A bem **B** primeiro **C** por último

4. Mais vale ... do que remediar.

   A prevenir **B** pensar **C** prever

5. Para grandes ..., grandes remédios.

   A dores **B** males **C** problemas

6. Mais vale um ... na mão, do que dois a voar.

   A prémio **B** pássaro **C** amigo

7. Amor com ... se paga.

   A amor **B** dinheiro **C** amizade

Module 24
AS BASES

Focus Un peu de traduction

Sélectionnez la bonne traduction.

Corrigé page 238

1. L'avion décolle dans 5 minutes.

   A O avião aterra daqui a 5 minutos.

   B O avião levanta voo dentro de 5 minutos.

2. Je me dirige vers le terminal 1.

   A Dirijo-me para o terminal 1.

   B Dirijo-te até terminal 1.

3. Ton siège est côté fenêtre ou côté couloir ?

   A O teu lugar é na janela ou no corredor?

   B O teu lugar é do lado da janela ou do corredor?

4. Le bagage à main peut être emmené en cabine.

   A A bagagem de mão pode ir na cabine.

   B A bagagem à mão pode ir na cabine.

5. D'abord, on doit peser les bagages en soute.

   A Primeiro, temos de pesar as bagagens de porão.

   B Primeiro, vamos pesar a bagagem de porão.

Focus Adjectifs suivis de prépositions

Choisissez la bonne construction. Il peut y avoir plusieurs réponses correctes.

1. Ela está ... viajar em classe executiva.

   A habituada a   **B** acostumada a   **C** habituada com

Module 24
AS BASES

2. Os passageiros estão ... esperar pela descolagem.

    A cansados por   **B** cansados de   **C** fartos de

3. Todos ficaram ... o reembolso dos bilhetes.

    A satisfeitos com   **B** satisfeitos de   **C** contentes de

4. A tripulação não é ... perda de bens pessoais.

    A responsável de   **B** responsável por a   **C** responsável pela

5. Ficaste ... os serviços prestados?

    A desiludido com   **B** dececionado com   **C** desiludido dos

6. O aeroporto é ... dois terminais.

    A composto de   **B** composto por   **C** constituído por

7. Desculpe, mas não estou ... mudar o seu bilhete.

    A autorizado a   **B** autorizado de   **C** contente para

8. Estou ... pressa, pois já chamaram o meu nome.

    A cheio da   **B** cheio com   **C** cheio de

Sélectionnez la préposition adéquate.

Corrigé page 238

1. Fiquei admirado ... simpatia das hospedeiras.

    A da   **B** com a   **C** por a

2. Ela está apaixonada ... viajar de avião.

    A por   **B** de   **C** em

3. Não fiquem preocupados ... atraso.

    A pela   **B** com o   **C** do

Module 24
AS BASES

4. É importante estarmos atentos ... painel eletrónico.

   A a   **B** à   **C** ao

5. Estou dependente ... haver ou não lugares neste voo.

   A de   **B** por   **C** em

6. Os passageiros ficaram impressionados ... habilidade do piloto.

   A por   **B** da   **C** com a

Focus Les locutions et conjonctions adversatives

Exprimez l'opposition à l'aide des locutions et conjonctions adversatives.

1. O meu lugar não é junto à janela, ... não há problema.

   A por isso   **B** mas

2. Os passageiros estavam stressados, ... a tripulação conseguiu manter a calma.

   A no entanto   **B** portanto

3. As lojas do aeroporto ainda estavam fechadas, ... os balcões das companhias aéreas já estavam abertos.

   A quando   **B** porém

4. Este é o voo mais rápido, ... temos de fazer duas escalas.

   A contudo   **B** apesar de

5. Respeitámos o peso e o tamanho das bagagens de cabine, ... tiveram de ir no porão.

   A todavia   **B** por conseguinte

6. A tua família disse que nos esperava na zona das chegadas, ... quando chegámos ainda não estava lá ninguém.

   A aliás   **B** mas

Module 24
AS BASES

Focus La réalisation progressive : *ir* + gérondif

Corrigé page 238

Choisissez la bonne option.

1. Enquanto eu estava a registar as bagagens, eles ... a porta de embarque.

   A estavam procurando   **B** foram procurando

2. ... numa solução que eu vou falar com alguém.

   A Vai pensando   **B** Ias pensando

3. Enquanto eu procuro os bilhetes, vocês ... os anúncios.

   A andam ouvindo   **B** vão ouvindo

4. Enquanto esperamos pela chegada do avião, ... se há novidades.

   A vamos vendo   **B** íamos vindo

5. Enquanto os passageiros se sentavam, nós ... no corredor do avião.

   A íamos esperando   **B** vamos esperando

6. Enquanto fazes o check-in, eu ... para a zona de descanso.

   A vou sentando   **B** vou andando

Astuce Le verbe **ir** au présent, au **pretérito perfeito** ou à l'imparfait de l'indicatif suivi d'un verbe au gérondif exprime la réalisation progressive ou graduelle d'un évènement (**Tu vais registar as bagagens e eu vou indo para a zona C.**). Pour former le gérondif on supprime le **-r** final de l'infinitif et on ajoute **-ndo** (**procurar-procurando** ; **ver-vendo** ; **vir-vindo**).

Focus Un peu de traduction

Sélectionnez la bonne traduction.

1. Nós íamos conversando enquanto o check-in não abria.

   A Nous étions en train de discuter pendant que l'enregistrement n'ouvrait pas.

   B Nous discutions pendant que l'enregistreur n'ouvrait pas.

Module 24
AS BASES

Corrigé page 238

2. Grão a grão enche a galinha o papo.
   - **A** Petit à petit, l'oiseau fait son nid.
   - **B** Grain à grain, le poulet remplit son jabot.

3. Este avião é semelhante ao que está a aterrar.
   - **A** Cet avion est similaire à celui qui a atterri.
   - **B** Cet avion est similaire à celui qui est en train d'atterrir.

4. Podíamos ir no voo das 22 horas, mas chega muito tarde.
   - **A** Nous pourrions prendre le vol de 22 heures, mais il arrive très tard.
   - **B** Nous pourrions prendre le vol de 22 heures, mais il arrive tard.

5. O excesso de bagagem é pago no aeroporto.
   - **A** Le bagage supplémentaire est payé à l'aéroport.
   - **B** L'excédent de bagages est payé à l'aéroport.

6. Estamos ansiosos por descolar.
   - **A** Nous sommes contents de décoller.
   - **B** Nous sommes impatients de décoller.

7. É-me indiferente ir num voo da manhã ou da tarde.
   - **A** Cela m'est égal de prendre un vol du matin ou un vol du soir.
   - **B** Prendre un vol du matin ou un vol du soir, cela me tranquillise.

8. Vão preparando os cartões de embarque enquanto eu vou à casa de banho.
   - **A** Préparez les cartes d'embarquement pendant que je vais aux toilettes.
   - **B** Préparez les cartes d'embarquement avant que j'aille aux toilettes.

Module 24
VOCABULÁRIO

Voyager en avion

aterrar	*atterrir*
balcão	*comptoir, guichet*
cancelar	*annuler*
classe executiva	*classe affaires*
cartão de embarque	*carte d'embarquement*
descolagem	*décollage*
hospedeira	*hôtesse de l'air*
levantar voo/descolar	*décoller*
porão	*soute*
painel eletrónico	*panneau d'affichage*
tripulação	*équipage*

Proverbes

Amigos, amigos, negócios à parte.	*Les bons comptes font les bons amis.*
Amor com amor se paga.	*Œil pour œil, dent pour dent.*
Mais vale prévenir do que remediar.	*Mieux vaut prévenir que guérir.*
Para grandes males, grandes remédios.	*Aux grands maux, les grands remèdes.*
Mais vale um pássaro na mão do que dois a voar.	*Un tiens vaut mieux que deux tu l'auras.*
Quem não arrisca não petisca.	*Qui ne tente rien n'a rien.*
Quem ri por último ri melhor.	*Rira bien qui rira le dernier.*

Module 24
SOLUÇÕES

As bases

VOTRE SCORE :

PAGE 229 – Voyager en avion
1 **B** 2 **B** 3 **A** 4 **A** 5 **B**

PAGES 229-230 – À l'aéroport
1 **A** 2 **B** 3 **A** 4 **A** 5 **B** 6 **A**

PAGES 230-231 – Exprimer la déception
1 **A** 2 **B** 3 **A** 4 **B** 5 **A** 6 **B**

PAGE 231 – Les proverbes
1 **C** 2 **A** 3 **C** 4 **A** 5 **B** 6 **B** 7 **A**

PAGE 232 – Un peu de traduction
1 **B** 2 **A** 3 **B** 4 **A** 5 **A**

PAGES 232-234 – Adjectifs suivis de prépositions
1 **A,B** 2 **B,C** 3 **A** 4 **C** 5 **A,B** 6 **B,C** 7 **A** 8 **C**
1 **B** 2 **A** 3 **B** 4 **C** 5 **A** 6 **C**

PAGE 234 – Les locutions et conjonctions adversatives
1 **B** 2 **A** 3 **B** 4 **A** 5 **A** 6 **B**

PAGE 235 – La réalisation progressive : **ir** + gérondif
1 **B** 2 **A** 3 **B** 4 **A** 5 **A** 6 **B**

PAGES 235-236 – Un peu de traduction
1 **A** 2 **A** 3 **B** 4 **A** 5 **B** 6 **B** 7 **A** 8 **A**

Vous avez obtenu entre 0 et 16 ? Oups ! Il faut revoir les bases.

Vous avez obtenu entre 17 et 33 ? Moyen. Un peu plus d'effort.

Vous avez obtenu entre 34 et 50 ? Pas mal du tout ! Continuez.

Vous avez obtenu 51 et plus ? Parabéns! *Félicitations !* Vous êtes sur la bonne voie.

Module 25
AS BASES

Focus Exprimer la possibilité et l'hypothèse

Corrigé page 248

Choisissez l'option correcte pour compléter les phrases.

1. Nas próximas férias ... conhecer melhor o interior do país.
   - **A** vamos
   - **B** podíamos
   - **C** queremos

2. Eu ... para a montanha e tu ... para a praia.
   - **A** ia ... ias
   - **B** fui ... foste
   - **C** tenho ido ... tens ido

3. Durante as vossas férias, ... irem aos Açores.
   - **A** podiam
   - **B** poderiam
   - **C** dava para

4. Eu ... ir acampar convosco.
   - **A** vou
   - **B** desejo
   - **C** posso

5. ... escolher o destino de férias amanhã.
   - **A** Queremos
   - **B** Podemos
   - **C** Tencionamos

6. ... passar uma semana inteira no parque de campismo.
   - **A** Dá para
   - **B** Vamos
   - **C** Eles querem

Sélectionnez la phrase qui exprime la possibilité ou l'hypothèse par rapport à la phrase donnée.

1. Todos os anos vou passar uns dias nas termas.
   - **A** Eu posso acompanhar-te este ano.
   - **B** Queres companhia?

2. Ela tirou apenas oito dias de férias.
   - **A** Não quis tirar mais dias.
   - **B** No entanto, dava para tirar mais dias.

3. Encontrar alojamento em cima da hora é complicado.
   - **A** E também há menos escolha.
   - **B** Mas é possível.

Module 25
AS BASES

4. Precisamos de uma tenda e de colchões.
   - **A** Nós podíamos tratar disso.
   - **B** Eu trato disso.

5. Desculpem, mas não gosto muito de conduzir.
   - **A** Não te preocupes, pois a Marina conduz.
   - **B** Não há problema, pois dá para ir de comboio.

6. O hotel fica longe da praia.
   - **A** Não faz mal. Podemos ir de bicicleta.
   - **B** Que chato! Assim, não conseguimos ir a pé.

Astuce La possibilité peut être exprimée par l'expression **dar para** (*être possible*), notamment au présent ou à l'imparfait. L'imparfait est très souvent utilisé en portugais européen courant, au détriment du conditionnel – plus soutenu et plus employé en portugais brésilien – pour exprimer l'hypothèse et la suggestion.

Focus Louer une voiture

Complétez les phrases.

1. Pretendo ... um carro por dez dias.
   - **A** arrendar
   - **B** comprar
   - **C** alugar

2. Procuramos um carro ...
   - **A** elétrico.
   - **B** eletrónico.
   - **C** de gás.

3. Preferem um carro com duas ou cinco ...
   - **A** lugares?
   - **B** portas?
   - **C** pessoas?

4. Os carros de cinco ... são mais espaçosos.
   - **A** lugares
   - **B** praças
   - **C** sofás

5. Optamos por um carro com caixa ... ou ...
   - **A** rápida ... lenta?
   - **B** azul ... preta?
   - **C** manual ... automática?

Module 25
AS BASES

6. Tens alguma preferência de ...

    A viajar?   **B** marca?   **C** mota?

Focus Le verbe *tirar* et ses constructions

Choisissez l'option correcte.

1. Durante as férias, costumo tirar muitas ...

    A fotografias.   **B** dias.

2. Não podes tirar mais de ... seguidos?

    A duas semanas de férias   **B** dez dias de férias

3. Há quantos anos tiraste a ...?

    A carteira de condução   **B** carta de condução

4. A minha irmã está a tirar ...

    A um curso de turismo.   **B** estudos de turismo.

5. Quando saíres de casa, não te esqueças de tirar a ...

    A chave da fechadura.   **B** porta.

6. Antes de entrar no carro, ele tira sempre o ...

    A t-shirt.   **B** casaco.

Focus Un peu de traduction

Choisissez la traduction adéquate.

Corrigé page 248

1. Finalmente tirei férias!

    A Finalement, j'ai pris des vacances !

    B Enfin, j'ai pris des vacances !

2. Eles vão acampar durante um mês.

    A Ils vont faire du camping pendant un mois.

    B Ils font du camping depuis un mois.

Module 25
AS BASES

3. Os teus pais emprestam-nos a caravana?
   - **A** Tes parents nous louent la caravane ?
   - **B** Tes parents nous prêtent la caravane ?

4. Preferes passar férias nas termas ou na praia?
   - **A** Est-ce que tu préfères passer des vacances à la campagne ou à la plage ?
   - **B** Est-ce que tu préfères passer des vacances dans des stations thermales ou à la plage ?

5. De que tipo é a tua tenda?
   - **A** De quel type est ta tente ?
   - **B** Qui est ce type avec ta tante ?

6. Voltamos de férias daqui a duas semanas.
   - **A** Nous retournons en vacances toutes les deux semaines.
   - **B** Nous rentrons de vacances dans deux semaines.

7. Durante as próximas férias podíamos conhecer a região.
   - **A** Après les prochaines vacances, nous irons découvrir la région.
   - **B** Pendant les prochaines vacances, on pourrait découvrir la région.

Focus L'infinitif personnel composé

Conjuguez correctement.

Corrigé page 248

1. No caso de tu já ... a tenda, diz-me.
   - **A** ter comprado
   - **B** teres comprado

2. Depois de ... as férias, podemos tratar do alojamento.
   - **A** marcarem
   - **B** terem marcado

3. Apesar de já ... à Madeira, gostaríamos de lá voltar.
   - **A** termos ido
   - **B** ter ido

Module 25
AS BASES

4. O João e a Cláudia foram de férias sem ... o destino.

    A terem escolhido   **B** escolherem

5. Fiquei muito contente por ela ... acampar connosco.

    A vir   **B** ter vindo

6. Três anos depois de ... uma caravana, vocês usaram-na finalmente.

    A terem comprado   **B** teres comprado

Focus **L'infinitif personnel simple et composé**

Corrigé page 248

Dites si les verbes soulignés sont à l'infinitif personnel simple ou composé.

1. Já é tarde para <u>comprarmos</u> um bilhete a um bom preço.

    A infinitif personnel simple   **B** infinitif personnel composé

2. Depois de <u>teres conhecido</u> as ilhas, ficaste deslumbrado.

    A infinitif personnel simple   **B** infinitif personnel composé

3. Apesar de <u>termos gostado</u> de viajar de autocarro, preferimos a autocaravana.

    A infinitif personnel simple   **B** infinitif personnel composé

4. Lamento <u>teres</u> de adiar as férias.

    A infinitif personnel simple   **B** infinitif personnel composé

5. Apesar de <u>dormir</u> numa tenda não ser muito confortável, é divertido.

    A infinitif personnel simple   **B** infinitif personnel composé

6. Sem <u>ter experimentado</u> o colchão, não te posso aconselhar.

    A infinitif personnel simple   **B** infinitif personnel composé

Astuce L'infinitif personnel composé se construit avec l'auxiliaire **ter** à l'infinitif personnel suivi du verbe principal au participe passé (**ter dito, teres dito, ter dito, termos dito, terem dito**). Ce temps verbal s'emploie notamment après les connecteurs **para**, **sem**, **apesar de**, **no caso de** et **depois de**. L'infinitif personnel composé désigne une action terminée par rapport à une autre, qui elle se situe dans le passé ou dans l'avenir.

Module 25
AS BASES

Focus Les connecteurs de conclusion *logo*, *portanto* et *por conseguinte*

Complétez les phrases de façon à exprimer la conséquence ou la conclusion.

1. O tempo está fresco, … vamos fazer uma caminhada.
   - **A** porque
   - **B** logo

2. Somos quatro pessoas, … procuramos um carro de cinco lugares.
   - **A** portanto
   - **B** talvez

3. O Luís e a Mariana vivem perto das termas, … vão passar uma semana nessas termas.
   - **A** por conseguinte
   - **B** se calhar

4. Gosto muito de tirar fotos da natureza, … vou ficar dez dias na montanha para fotografar a floresta.
   - **A** por essa razão
   - **B** por conseguinte

5. Os carros elétricos são bastante silenciosos, … quando passam, mal os ouvimos.
   - **A** logo
   - **B** por isso

6. O mar está agitado, … não podemos nadar.
   - **A** além disso
   - **B** portanto

Corrigé page 248

Focus Les connecteurs de comparaison *tanto … como* et *tanto … quanto*

Comparez les situations.

1. … gosto de viajar, … de ficar em casa.
   - **A** Quanto mais … mais
   - **B** Tanto … como

2. … costumamos ir de férias no verão … na primavera.
   - **A** Quanto menos … mais
   - **B** Tanto … quanto

3. … passamos férias nas termas, … na praia.
   - **A** Tanto … como
   - **B** Quanto menos … mais

Module 25
AS BASES

4. Gostamos ... de andar a pé ... de bicicleta.

   A tanto ... como   **B** tanto ... assim como

5. ... viajamos juntos, ... separados.

   A Quanto mais ... menos   **B** Tanto ... como

6. ... conduzo um carro elétrico, ... um carro híbrido.

   A Tanto ... quanto   **B** Tanto ... assim

Focus Un peu de traduction

Choisissez la traduction adéquate.

Corrigé page 248

1. Plus on prend de vacances, moins on est stressé.

   A Quanto mais férias tiramos, menos stressados ficamos.

   B Quanto mais férias tiramos, mais stressados estamos.

2. Mes enfants aiment faire du camping autant qu'aller dans une auberge de jeunesse.

   A Os meus filhos gostam tanto de acampar como de ficar numa pousada da juventude.

   B Os meus filhos acampam, assim como ficam num pousada da juventude.

3. Nos amis ont une caravane, donc ils peuvent se déplacer facilement.

   A Os nossos amigos têm uma caravana, por isso podem deslocar-se facilmente.

   B Os nossos amigos têm uma caravana, portanto podem deslocar-se facilmente.

4. Il n'a pas son permis de conduire. Par conséquent, il ne peut pas conduire la voiture de son père.

   A Ele não tirou a carta de condução. Por consequência, não pode conduzir o carro da pai.

   B Ele não tem carta de condução. Por conseguinte, não pode conduzir o carro do pai.

245

Module 25
AS BASES

Corrigé page 248

5. Sans avoir prévenu ton employeur, tu ne peux pas partir en vacances.

   A Sem ter prevenido o patrão, não podes ir de férias.

   B Sem teres informado o teu patrão, não podes ir de férias.

6. Moins tu prends le métro, moins tu as envie de le prendre.

   A Quanto menos andas de metro, menos tens vontade de andar.

   B Quanto menos anda de metro, menos tem vontade de andar.

7. Bien que je t'aie dit que je ne pouvais pas prendre des vacances cette année, j'ai réussi à prendre quatre jours de repos.

   A Apesar de te ter dito que não podia tirar férias este ano, consegui tirar quatro dias de descanso.

   B Apesar de ter dito que não podia tirar férias este ano, conseguimos tirar quatro dias de descanso.

8. Au cas où vous auriez changé d'avis sur l'achat de la tente, dites-le-nous.

   A No caso de ter mudado de ideias sobre a compra da tenta, digam-nos.

   B No caso de terem mudado de ideias sobre a compra da tenda, digam-nos.

9. Ils adorent la neige. Pourtant, ils ne prennent jamais de vacances en hiver.

   A Eles adoram a neve. No entanto, nunca tiram férias no inverno.

   B Eles adoram a neve. Portanto, nunca tiram férias no inverno.

Module 25
VOCABULÁRIO

Conduire

caixa manual (carro)	*boîte de vitesses manuelle*
caixa automática	*boîte de vitesses automatique*
tirar a carta (de condução)	*passer son permis (de conduire)*

Partir en vacances

colchão insuflável	*matelas gonflable*
parque de campismo	*camping*
termas	*station thermale*
fotografar	*photographier*

Comparer

quanto mais ... mais	*plus ... plus*
quanto mais ... menos	*plus ... moins*
quanto menos ... menos	*moins ... moins*
quanto menos ... mais	*moins ... plus*

Locutions / Phrases essentielles

enfim, finalmente	*enfin*
em cima da hora	*au dernier moment*
espaçoso	*spacieux*
no entanto	*pourtant*
portanto	*donc*
tirar um curso	*faire des études*
tirar a chave da fechadura	*retirer la clé de la serrure*

Module 25
SOLUÇÕES

As bases

PAGES 239-240 – Exprimer la possibilité et l'hypothèse
1 **B** 2 **A** 3 **C** 4 **C** 5 **B** 6 **C**
1 **A** 2 **B** 3 **B** 4 **A** 5 **B** 6 **A**

PAGES 240-241 – Louer une voiture
1 **C** 2 **A** 3 **B** 4 **A** 5 **C** 6 **B**

PAGE 241 – Le verbe **tirar** et ses constructions
1 **A** 2 **B** 3 **B** 4 **A** 5 **A** 6 **B**

PAGES 241-242 – Un peu de traduction
1 **B** 2 **A** 3 **B** 4 **B** 5 **A** 6 **B** 7 **B**

PAGES 242-243 – L'infinitif personnel composé
1 **B** 2 **B** 3 **A** 4 **A** 5 **B** 6 **A**

PAGE 243 – L'infinitif personnel simple et composé
1 **A** 2 **B** 3 **B** 4 **A** 5 **A** 6 **B**

PAGE 244 – Les connecteurs de conclusion **logo**, **portanto** et **por conseguinte**
1 **B** 2 **A** 3 **A** 4 **B** 5 **A** 6 **B**

PAGES 244-245 – Les connecteurs de comparaison **tanto ... como** et **tanto ... quanto**
1 **B** 2 **B** 3 **A** 4 **A** 5 **B** 6 **A**

PAGES 245-246 – Un peu de traduction
1 **A** 2 **A** 3 **B** 4 **B** 5 **B** 6 **A** 7 **A** 8 **B** 9 **A**

Vous avez obtenu entre 0 et 16 ? Oups ! Il faut revoir les bases.

Vous avez obtenu entre 17 et 33 ? Moyen. Un peu plus d'effort.

Vous avez obtenu entre 34 et 50 ? Pas mal du tout ! Continuez.

Vous avez obtenu 51 et plus ? Parabéns! *Félicitations !* Vous êtes sur la bonne voie.

Module 26
AS BASES

Focus Parler du temps qu'il fait

Sélectionnez l'idée contraire.

Corrigé page 258

1. O tempo hoje está quente.
   - **A** O tempo hoje está calor.
   - **B** O tempo hoje está frio.

2. O céu está limpo.
   - **A** O céu está nublado.
   - **B** O céu está azul.

3. Está a chover bastante.
   - **A** Está um sol radiante.
   - **B** Está a trovejar.

4. O vento tem estado muito forte.
   - **A** O vento tem soprado intensamente.
   - **B** O vento tem estado fraco.

5. Neste momento estão 10 graus negativos.
   - **A** Neste momento temos 10 graus de temperatura.
   - **B** Neste momento estão menos 10 graus.

Focus La météo

Complétez les phrases.

1. Amanhã estarão 18 graus de temperatura … e 30 de temperatura …
   - **A** mínima … máxima.
   - **B** máxima … mínima.

2. Prevê-se queda de … no interior do país.
   - **A** nevar
   - **B** neve

3. O … intenso dificulta a condução.
   - **A** nublado
   - **B** nevoeiro

Module 26
AS BASES

4. A chuva foi acompanhada de queda de ...
   - **A** granizo.
   - **B** pedras.

5. O ... durou toda a semana.
   - **A** mau dia
   - **B** mau tempo

6. A ... atingiu a Europa com grande intensidade.
   - **A** tempestade
   - **B** relâmpago

Complétez les expressions.

Corrigé page 258

1. ... parcialmente nublado
   - **A** céu
   - **B** vento

2. ... matinal
   - **A** nublado
   - **B** nevoeiro

3. Intensidade do ...
   - **A** céu
   - **B** vento

4. ... ao final da tarde
   - **A** trovoadas
   - **B** chover

5. ... a soprar de noroeste
   - **A** chuva
   - **B** vento

6. ... extremas
   - **A** temperaturas
   - **B** ventos

Focus Les saisons

Pour chaque description, sélectionnez la saison qui correspond.

1. O tempo é ameno e as árvores ganham folhas.
   - **A** primavera
   - **B** verão
   - **C** outono
   - **D** inverno

Module 26
AS BASES

2. As folhas das árvores ficam com várias cores.

   A primavera   **B** verão   **C** outono   **D** inverno

3. A temperatura é alta e os dias são longos.

   A primavera   **B** verão   **C** outono   **D** inverno

4. O tempo está muito frio e pode nevar.

   A primavera   **B** verão   **C** outono   **D** inverno

5. Festeja-se o Natal.

   A primavera   **B** verão   **C** outono   **D** inverno

6. A maior parte das pessoas está de férias.

   A primavera   **B** verão   **C** outono   **D** inverno

7. Decorre entre setembro e dezembro.

   A primavera   **B** verão   **C** outono   **D** inverno

8. Começa no mês de março.

   A primavera   **B** verão   **C** outono   **D** inverno

Focus Un peu de traduction

Choisissez la traduction qui correspond.

Corrigé page 258

1. No verão, há muita gente na praia.

   A En été, les plages sont pleines.

   B L'été, il y a beaucoup de gens sur la plage.

2. Prevê-se aguaceiros para esta noite.

   A On prévoit de la pluie pour ce soir.

   B On prévoit des averses pour ce soir.

3. A temperatura do mar oscila entre doze e quinze graus.

   A La température de la mer varie entre douze et quinze degrés.

   B La température de l'eau est de douze ou quinze degrés.

Module 26
AS BASES

Corrigé page 258

4. Há muita humidade no ar.

    A Il y a beaucoup d'humidité dans l'air.

    B L'air est très humide.

5. O Brasil tem um clima tropical.

    A Le Brésil est tropical.

    B Le Brésil a un climat tropical.

6. Para amanhã, prevê-se queda de neve.

    A Pour demain, on prévoit de la neige.

    B Pour demain, on prévoit des chutes de neige.

Focus Les conjonctions et locutions de temps

Complétez les phrases à l'aide des conjonctions ou locutions adéquates. Il peut y avoir plusieurs réponses exactes.

1. ... chove muito, as ruas ficam inundadas.

    A Sempre que   **B** Antes que   **C** Quando

2. ... ouvem um relâmpago, as crianças ficam assustadas.

    A Enquanto   **B** Assim que   **C** Cada vez que

3. ... começa a nevar, surgem os problemas de trânsito.

    A Mal   **B** Enquanto   **C** Logo que

4. ... chega o outono, as folhas das árvores adquirem várias cores.

    A Assim que   **B** Logo que   **C** Depois que

5. ... faz frio, acendo a lareira.

    A Até que   **B** Logo que   **C** Sempre que

6. ... temos saudades do calor, viajamos para um país quente.

    A Quando   **B** Enquanto   **C** Cada vez que

Module 26
AS BASES

Focus Le futur simple

Corrigé page 258

Conjuguez correctement les verbes réguliers.

1. A previsão meteorológica indica que … durante uma semana sem parar.
   - **A** nevará
   - **B** nevara

2. … bastante no norte do país.
   - **A** Chuvará
   - **B** Choverá

3. Se fizer muito calor, os teus pais … para o litoral.
   - **A** partiram
   - **B** partirão

4. Durante o Inverno, … para onde ir no verão.
   - **A** planearemos
   - **B** planear

5. Como não gostas de frio, … o destino das nossas férias de inverno.
   - **A** decidirás
   - **B** decidirão

6. Caso prefiras um país tropical, eu …
   - **A** imaginarei.
   - **B** compreenderei.

Astuce Pour construire le futur simple de l'indicatif des verbes réguliers et de la plupart des verbes irréguliers, on ajoute les terminaisons **-ei**, **-ás**, **-á**, **-emos** et **-ão** à l'infinitif (**andar-andarei**, **ler-lerei**, **fugir-fugirei**, etc.). Le futur simple est utilisé, dans un registre plutôt soutenu, pour désigner une action ultérieure au moment où l'on parle. Dans le langage courant, cette notion est exprimée par le verbe **ir** au présent de l'indicatif suivi de l'infinitif (**vou andar**, **vais ler**, **vamos fugir**). Le futur simple exprime le doute ou l'hypothèse, l'incertitude et également la politesse.

Choisissez la bonne forme conjuguée.

1. … que amanhã … muito vento?
   - **A** Será … será
   - **B** Será … estará

2. Achas que … bom tempo durante as nossas férias?
   - **A** terá
   - **B** teremos

Module 26
AS BASES

3. As trovadas ... atingir todo o país.
   - **A** irão
   - **B** iam

4. ... queda de granizo no interior.
   - **A** Haverão
   - **B** Haverá

5. Eu ... visitar-te novamente quando as temperaturas subirem.
   - **A** virei
   - **B** viarei

6. ... de casa assim que a chuva abrandar.
   - **A** Sairemos
   - **B** Saimos

7. ... que me ... acompanhar amanhã para o trabalho? Receio que haja muito nevoeiro.
   - **A** Será, irias
   - **B** Será, poderás

8. Amanhã de manhã, ... as previsões do tempo.
   - **A** ouvirás
   - **B** ouçarás

Complétez avec la forme conjuguée qui convient.

1. Sabes se na próxima semana ... muito vento?
   - **A** fará
   - **B** fazerá

2. Será que estas nuvens ... chuva?
   - **A** trazerão
   - **B** trarão

3. O que ... os teus convidados sobre este clima mediterrânico?
   - **A** diram
   - **B** dirão

4. As temperaturas elevadas ... muita gente procurar lugares frescos.
   - **A** farão
   - **B** fazerão

Module 26
AS BASES

5. Eu ... luvas e gorro para me proteger do frio intenso.
   - **A** trarei
   - **B** trazerei

Corrigé page 258

6. O que ... deste céu nublado?
   - **A** diras
   - **B** dirás

7. Nós ... certamente chapéus de chuva.
   - **A** traremos
   - **B** trazeremos

8. Com estas temperaturas negativas, tudo ... para não apanhar frio.
   - **A** faria
   - **B** farei

Astuce Les verbes irréguliers **dizer**, **fazer** et **trazer** ne suivent pas la règle de construction du futur simple des verbes réguliers.

Module 26
AS BASES

Focus Un peu de traduction

Choisissez la traduction qui correspond à la phrase donnée.

Corrigé page 258

1. Est-ce qu'il y aura du brouillard demain ?

    A Estará nublado amanhã?

    B Haverá nevoeiro amanhã?

2. La semaine prochaine il fera très chaud.

    A Na próxima semana fará muito calor.

    B Na próxima semana fará muito quente.

3. Le temps chaud et sec va continuer jusqu'à la fin du mois.

    A O tempo de calor e seco vai continuar até ao fim do mês.

    B O tempo quente e seco vai manter-se até ao fim do mês.

4. Chaque fois qu'il pleut beaucoup, il y a des inondations.

    A Sempre que chove muito, há inundações.

    B Quando chove muito, há inundações.

5. La sécheresse atteindra de plus en plus de régions.

    A A seca afetará cada vez mais regiões.

    B A seca afetará cada vez mais de regiões.

6. L'hiver a à peine commencé que les températures minimales ont atteint les - 5 degrés.

    A Mal começou o inverno, as temperaturas máximas chegaram aos 5 graus abaixo de zero.

    B Mal começou o inverno, a temperatura mínima chegou aos 5 graus negativos.

Module 26
VOCABULÁRIO

La météo

Verbes

abrandar	*ralentir*
adquirir	*acquérir*
apanhar frio	*attraper froid*
dificultar	*rendre difficile, compliquer*
nevar	*neiger*
oscilar	*osciller, varier, fluctuer*
planear	*planifier, prévoir de*
recear	*craindre*
soprar	*souffler*
trovejar	*tonner*

Substantifs et adjectifs

aguaceiros	*averses*
ameno	*doux*
clima	*climat*
granizo	*grêle*
humidade	*humidité*
mediterrânico	*méditerranéen*
nevoeiro	*brouillard*
nublado	*nuageux*
nuvens	*nuages*
queda de neve	*chutes de neige*
radiante	*radieux, rayonnant*
tempestade	*tempête*

Module 26
SOLUÇÕES

As bases

VOTRE SCORE :

PAGE 249 – Parler du temps qu'il fait
1 **B** 2 **A** 3 **A** 4 **B** 5 **A**

PAGES 249-250 – La météo
1 **A** 2 **B** 3 **B** 4 **A** 5 **B** 6 **A**
1 **A** 2 **B** 3 **B** 4 **A** 5 **B** 6 **A**

PAGES 250-251 – Les saisons
1 **A** 2 **C** 3 **B** 4 **D** 5 **D** 6 **B** 7 **C** 8 **A**

PAGES 251-252 – Un peu de traduction
1 **B** 2 **B** 3 **A** 4 **A** 5 **B** 6 **B**

PAGE 252 – Les conjonctions et locutions de temps
1 **A,C** 2 **B,C** 3 **A,C** 4 **A,B** 5 **B,C** 6 **A,C**

PAGE 253-255 – Le futur simple
1 **A** 2 **B** 3 **B** 4 **A** 5 **A** 6 **B**
1 **B** 2 **B** 3 **A** 4 **B** 5 **A** 6 **A** 7 **B** 8 **A**
1 **A** 2 **B** 3 **B** 4 **A** 5 **A** 6 **B** 7 **A** 8 **B**

PAGE 256 – Un peu de traduction
1 **B** 2 **A** 3 **B** 4 **A** 5 **A** 6 **B**

Vous avez obtenu entre 0 et 16 ? Oups ! Il faut revoir les bases.
Vous avez obtenu entre 17 et 33 ? Moyen. Un peu plus d'effort.
Vous avez obtenu entre 34 et 50 ? Pas mal du tout ! Continuez.
Vous avez obtenu 51 et plus ? Parabéns! *Félicitations !* Vous êtes sur la bonne voie.

Module 27
AS BASES

Focus Le sport

Corrigé page 268

Associez chaque sport à sa description.

1. natação
   - **A** realiza-se numa piscina
   - **B** decorre num campo

2. surfe
   - **A** pratica-se com patins
   - **B** faz-se no mar

3. esqui
   - **A** pratica-se na neve
   - **B** pratica-se num ginásio

4. xadrez
   - **A** joga-se com pequenas peças
   - **B** joga-se com uma bola pequena

5. vela
   - **A** pratica-se num estádio
   - **B** pratica-se no mar com um barco

6. andebol
   - **A** a bola é lançada com a mão
   - **B** a bola é lançada com o pé

Indiquez si les affirmations sont **verdadeiras** *(vraies) ou* **falsas** *(fausses).*

1. As damas jogam-se num tabuleiro.
   - **A** verdadeira
   - **B** falsa

2. Uma equipa de futebol é constituída por seis jogadores.
   - **A** verdadeira
   - **B** falsa

3. No basquetebol tenta-se colocar a bola num cesto.
   - **A** verdadeira
   - **B** falsa

4. A corrida não faz parte do atletismo.
   - **A** verdadeira
   - **B** falsa

5. A ginástica pratica-se sempre em equipa.
   - **A** verdadeira
   - **B** falsa

Module 27
AS BASES

6. No hóquei em patins usa-se um stick para empurrar a bola.
   - **A** verdadeira
   - **B** falsa

Complétez les phrases.

> Corrigé page 268

1. Todas as manhãs ando ...
   - **A** de bicicleta.
   - **B** à bicicleta.
2. Andar ... é uma atividade muito saudável.
   - **A** a pé
   - **B** de pé
3. As crianças costumam gostar de andar ...
   - **A** em cavalo.
   - **B** a cavalo.
4. Andar muito ... é desaconselhável para a saúde.
   - **A** de carro
   - **B** em carro
5. Há pessoas que apreciam imenso andar ...
   - **A** de mota.
   - **B** à mota.
6. É necessário muito equilíbrio para andar ...
   - **A** nos patins.
   - **B** de patins.

Focus Exprimer l'envie

Complétez les phrases avec l'expression adéquate.

1. Vocês ... ir ao estádio ver o jogo de futebol?
   - **A** gostam de
   - **B** têm vontade de
2. Juliana, ... jogar voleibol?
   - **A** apetece-te
   - **B** estiveste a
3. ... fazer uma caminhada. Quem quer vir comigo?
   - **A** Estou com muita vontade de
   - **B** Vou

Module 27
AS BASES

4. Nós ... assistir ao campeonato mundial de surfe.

    A temos de   **B** temos imensa vontade de

5. ... participar nas provas de atletismo?

    A Vão   **B** Apetece-vos

6. Elas ... fazer parte da equipa de basquetebol.

    A estão com vontade de   **B** estão a pensar em

Focus **Un peu de traduction**

Choisissez la traduction qui correspond.

Corrigé page 268

1. A volta a Portugal em bicicleta decorre em agosto.

    A Le tour du Portugal à vélo n'a pas lieu au mois d'août.

    B Le tour du Portugal à vélo se déroule en août.

2. A patinagem artística é uma modalidade muito apreciada pelos jovens.

    A Le patinage artistique est une activité peu appréciée des jeunes.

    B Le patinage artistique est une discipline très appréciée des jeunes.

3. Preferes fazer desporto num ginásio ou ao ar livre?

    A Est-ce que tu préfères faire du sport dans une salle de sport ou en plein air ?

    B Est-ce que tu préfères faire du sport dans un gymnase ou dans la rue ?

4. Todos os dias, ando a pé cerca de três quilómetros.

    A Tous les jours, je marche plus de trois kilomètres.

    B Tous les jours, je marche environ trois kilomètres.

5. Ele tem muita vontade de ver um jogo de râguebi no estádio perto da tua casa.

    A Il a très envie de voir un match de rugby au stade près de chez toi.

    B Il a très peu d'envie de voir un match de rugby au stade près de chez toi.

Module 27
AS BASES

6. A vossa equipa acabou de subir de posição na classificação.
   - **A** Vos équipes viennent de remonter dans le classement.
   - **B** Votre équipe vient de remonter dans le classement.

Focus **Verbes suivis de prépositions**

Sélectionnez la préposition qui convient.

Corrigé page 268

1. Duvidas ... bom desempenho da seleção nacional?
   - **A** ao
   - **B** de
   - **C** do

2. Não sou muito exigente. Contento-me ... um empate.
   - **A** com
   - **B** de
   - **C** por

3. É importante que os atletas se concentrem ... prova de amanhã.
   - **A** da
   - **B** na
   - **C** sob a

4. Ela sonha ... a conquista do campeonato.
   - **A** de
   - **B** com
   - **C** sobre

5. Alguns jogadores responsabilizaram-se ... derrota.
   - **A** da
   - **B** por a
   - **C** pela

6. O teu adversário desistiu ... jogo.
   - **A** do
   - **B** ao
   - **C** com o

Sélectionnez les réponses correctes.

1. Natália, viste o jogo no estádio?
   - **A** Não. Assisti no jogo em casa.
   - **B** Não. Assisti ao jogo em casa.

2. Os adeptos ficaram contentes com o resultado do jogo?
   - **A** Não. Os adeptos desiludiram-se muito com o resultado.
   - **B** Não. Os adeptos desiludiram-se muito do resultado.

Module 27
AS BASES

3. Verónica, conheces esta nova atleta?

   A Por acaso, não, mas ela parece-se muito a jogadora de damas conhecida.

   B Por acaso, não, mas ela parece-se muito com uma jogadora de damas conhecida.

4. Que modalidade desportiva é que o teu irmão vai praticar agora?

   A Ele vai voltar para praticar natação.

   B Ele vai voltar a praticar natação.

5. Depois de terem exprimentado o surfe, o que vão exprimentar mais?

   A As minhas amigas optaram pela vela.

   B As minhas amigas optaram da vela.

6. Quem achas que será o vencedor da prova?

   A Talvez o atleta etíope, pois acredito nas suas capacidades.

   B Talvez o atleta etíope, pois acredito às suas capacidades.

Focus Le verbe *haver*

Indiquez le temps/mode du verbe **haver**.

Corrigé page 268

1. Tu hás de vencer o campeonato de patinagem artística.

   A presente   **B** futuro   **C** condicional

2. Ela havia de fazer mais caminhadas.

   A pretérito imperfeito   **B** condicional   **C** futuro

3. Nós haveremos de ir aos Jogos Olímpicos.

   A condicional   **B** presente   **C** futuro

4. Os jogadores haveriam de estar mais motivados.

   A futuro   **B** condicional   **C** pretérito imperfeito

5. Ontem houve uma prova de ciclismo na nossa cidade.

   A pretérito perfeito   **B** condicional   **C** pretérito imperfeito

Module 27
AS BASES

Corrigé page 268

6. Vocês haverão de andar muito a cavalo.

   A presente   **B** condicional   **C** futuro

Astuce Voici la conjugaison du verbe **haver** au présent de l'indicatif : **hei, hás, há, havemos, hão**. Au **pretérito perfeito**, **haver** se conjugue ainsi : **houve, houveste, houve, houvemos, houveram**. Au **pretérito imperfeito**, il prend les formes suivantes : **havia, havias, havia, havíamos, haviam**. Au futur et au conditionnel, **haver** se conjugue comme un verbe régulier (**haverei, haverás**… ; **haveria ; haverias**…). Lorsqu'il exprime une notion d'existence, le verbe **haver** se conjugue habituellement à la troisième personne du singulier aux différents temps verbaux. Dans ce cas, il équivaut à la construction « y avoir » (**Há muita gente a fazer caminhadas.** *Il y a beaucoup de gens qui font de la marche à pied.*). Le verbe **haver** peut exprimer aussi une idée de nécessité ou d'obligation (**Tu havias de experimentar fazer canoagem.** *Tu devrais essayer de faire du canoë.*).

Focus **La construction *haver de* + infinitif**

Sélectionnez la bonne forme conjuguée. Il peut y avoir plusieurs bonnes réponses.

1. Os adeptos nunca … ficar dececionados com o meu desempenho.

   A hão de   **B** haverão de

2. Tu … acompanhar-me a um jogo de voleibol.

   A há de   **B** hás de

3. Um dia, … jogar num clube estrangeiro.

   A hei de   **B** haverei de

4. … andar de bicicleta durante as férias.

   A Havemos de   **B** Havos de

5. A equipa feminina de futebol … vencer o campeonato do mundo.

   A haverá de   **B** há de

6. Os Jogos Olímpicos … ser num país africano.

   A haverão de ser   **B** haviam de

Module 27
AS BASES

> **Astuce** La construction **haver de** + infinitif exprime une prévision, l'intention, un fort désir ou une forte nécessité. Cette intention peut être accomplie dans un avenir plus ou moins proche. La prévision peut être teintée d'une touche d'avertissement (**Ainda hás de querer fazer parte da minha equipa.** *Un jour tu voudras faire partie de mon équipe.*).

Focus Un peu de traduction

Choisissez la bonne traduction.

Corrigé page 268

1. Tânia, tu peux compter sur moi pour encourager l'équipe.

   A Tânia, podes contar sobre mim para apoiar a equipa.

   B Tânia, podes contar comigo para apoiar a equipa.

2. Je vais m'efforcer de suivre la coupe du monde.

   A Vou esforçar-me por acompanhar o campeonato do mundo.

   B Vou esforçar-me de acompanhar a copa do mundo.

3. Ne vous préoccupez pas des épreuves de demain. Nous sommes prêts.

   A Não se preocupem com as provas de amanhã. Nós estamos preparados.

   B Não se preocupem das provas de amanhã. Nós somos prontos.

4. Un jour, je serai championne olympique.

   A Um dia serei campeão olímpica.

   B Um dia hei de ser campeã olímpica.

5. Tu voyages en avion pour arriver vite aux pistes de ski.

   A Tu viajas no avião para chegar rápido às pistas de esqui.

   B Tu viajas de avião para chegares rápido às pistas de esqui.

Module 27
AS BASES

Corrigé page 268

6. Les supporteurs ont voté pour l'ancien président du club.

   A Os adeptos votaram no antigo presidente do clube.

   B Os adeptos votaram para um antigo presidente do clube.

7. La patineuse est étonnée de sa propre prestation.

   A A patinadora ficou admirada do seu próprio desempenho.

   B A patinadora ficou admirada com o seu próprio desempenho.

Module 27
VOCABULÁRIO

Substantifs

adepto	*supporteur*
campeonato	*championnat, coupe*
campo de futebol	*terrain de foot*
canoagem	*canoë*
cesto	*panier*
corrida	*course*
derrota	*défaite*
empate	*match nul, égalité*
ginásio	*salle de sport*
hóquei no gelo	*hockey sur glace*
patinadora	*patineuse*
râguebi	*rugby*
seleção nacional	*équipe nationale*
tabuleiro (de damas, de xadrez)	*damier, plateau*
xadrez	*échecs*

Verbes

apoiar	*encourager*
decorrer	*avoir lieu, se realiser*
empurrar	*pousser*
lançar	*lancer*

Module 27
SOLUÇÕES

As bases

VOTRE SCORE :

PAGES 259-260 – Le sport
1 **A** 2 **B** 3 **A** 4 **A** 5 **B** 6 **A**
1 **A** 2 **B** 3 **A** 4 **B** 5 **B** 6 **A**
1 **A** 2 **A** 3 **B** 4 **A** 5 **A** 6 **B**

PAGES 260-261 – Exprimer l'envie
1 **B** 2 **A** 3 **A** 4 **B** 5 **B** 6 **A**

PAGES 261-262 – Un peu de traduction
1 **B** 2 **B** 3 **A** 4 **B** 5 **A** 6 **B**

PAGES 262-263 – Verbes suivis de prépositions
1 **C** 2 **A** 3 **B** 4 **B** 5 **C** 6 **A**
1 **B** 2 **A** 3 **B** 4 **B** 5 **A** 6 **A**

PAGES 263-264 – Le verbe **haver**
1 **A** 2 **A** 3 **C** 4 **B** 5 **A** 6 **C**

PAGE 264 – La construction **haver de** + infinitif
1 **A,B** 2 **B** 3 **A,B** 4 **A** 5 **A,B** 6 **A,B**

PAGE 265-266 – Un peu de traduction
1 **B** 2 **A** 3 **A** 4 **B** 5 **B** 6 **A** 7 **B**

Vous avez obtenu entre 0 et 15 ? Oups ! Il faut revoir les bases.

Vous avez obtenu entre 16 et 31 ? Moyen. Un peu plus d'effort.

Vous avez obtenu entre 32 et 49 ? Pas mal du tout ! Continuez.

Vous avez obtenu 50 et plus ? Parabéns! *Félicitations !* Vous êtes sur la bonne voie.

Module 28
AS BASES

Focus Les fêtes populaires

Corrigé page 279

Pour chaque affirmation, sélectionnez la réponse qui convient.

1. mês em que decorrem as festas populares
   - **A** agosto
   - **B** junho

2. primeiro santo que se celebra durante esse mês
   - **A** São João
   - **B** Santo António

3. cidade cujo santo padroeiro é o Santo António
   - **A** Lisboa
   - **D** Porto

4. dia em que se festeja São Pedro
   - **A** 12 de agosto
   - **B** 29 de junho

5. rio de onde se lança um fogo de artifício para celebrar o S. João
   - **A** Douro
   - **B** Tejo

6. nome dos desfiles com arcos, dança e música que têm lugar nos bairros típicos de Lisboa
   - **A** marchas populares
   - **B** desfiles populares

7. planta que perfuma as festas dos santos populares
   - **A** rosa
   - **B** manjerico

8. tradição associada às festas dos santos populares
   - **A** saltar por cima de uma fogueira
   - **B** comer bacalhau

Astuce **Santo** et **São** sont tous les deux synonymes. Tandis que **Santo** s'emploie devant un nom masculin commençant par une voyelle (**Santo António**), **São** précède un nom masculin commençant par une consonne (**São João**, **São Pedro**).

Module 28
AS BASES

Chassez l'intrus. Il peut y avoir plusieurs réponses possibles.

Corrigé page 279

1. santos populares

   A São João   **B** São Pedro   **C** São Mateus

2. dia de Santo António

   A 13 de junho   **B** 12 de junho   **C** 13 de julho

3. bairros tradicionais de Lisboa

   A São Bento   **B** Mouraria   **C** Alfama

4. marchas populares

   A arcos   **B** sardinhas   **C** balões

5. feriado da cidade do Porto

   A 24 de junho   **B** 14 de junho   **C** 23 de junho

6. santo que se celebra no Porto, em junho

   A São Cristóvão   **B** São Rafael   **C** São João

Focus Exprimer le doute

Complétez avec les mots ou locutions qui expriment le doute.

1. ... vou ver as marchas populares esta noite.

   A Se calhar   **B** Tenho a certeza que

2. ... o André não queira comer sardinha assada.

   A Imagino que   **B** Talvez

3. ... foi o bairro da Bica que venceu o concurso das marchas populares este ano.

   A É certo que   **B** Se calhar

Module 28
AS BASES

4. ... te ofereçam um vaso de manjerico com uma quadra popular.

   A Talvez   **B** Não é provável que

5. ...vou levar um martelinho para o S. João.

   A Ainda bem que   **B** Se calhar

Astuce La locution **se calhar** est utilisée dans le langage oral informel pour exprimer le doute. Elle se construit avec un verbe à l'indicatif (**Se calhar vou participar nas marchas populares.**) et peut être remplacée par l'adverbe de doute **talvez**. Contrairement à la locution, cet adverbe est suivi d'un verbe au subjonctif (**Talvez vá participar nas marchas populares.**).

Focus Donner un ordre ou un conseil

Corrigé page 279

Indiquez si les phrases expriment un ordre, un conseil ou autre.

1. Primeiro jantas e depois vês o fogo de artifício.

   A ordem   **B** conselho   **C** desejo

2. No teu lugar, inscrevia-me nos casamentos de Santo António.

   A ordem   **B** conselho   **C** dúvida

3. Afastem-se do fogo de artifício!

   A ordem   **B** conselho   **C** pedido

4. O que acham de comprarmos um manjerico?

   A ordem   **B** conselho   **C** sugestão

5. Podem dar-me espaço para eu saltar à fogueira, por favor?

   A ordem   **B** conselho   **C** pedido

Module 28
AS BASES

6. Não deves fazer direta, pois amanhã é dia de trabalho.

   A ordem   **B** conselho   **C** dúvida

Focus **Un peu de traduction**

Corrigé page 279

Choisissez la traduction qui correspond.

1. Ainda bem que amanhã é feriado!

   A Demain, c'est encore jour férié !

   B Heureusement demain, c'est férié !

---

2. Será que o fogo de artifício começará à meia-noite?

   A Le feu d'artifice commence à minuit ?

   B Est-ce que le feu d'artifice commencera à minuit ?

---

3. Os arcos das marchas populares são muito coloridos.

   A Les arcs des défilés populaires sont très colorés.

   B Les arcs des marches sont très colorés.

---

4. Ainda havemos de participar nas marchas.

   A Nous participerons de nouveau aux défilés.

   B Un jour, nous participerons aux défilés.

---

5. Se calhar vou assistir aos casamentos de Santo António.

   A Je vais peut-être assister aux mariages de la Saint-Antoine.

   B Il se peut que j'assiste au mariage de la Saint-Antoine.

Module 28
AS BASES

Focus — Les pronoms personnels compléments d'objet direct : première et deuxième personnes

Corrigé page 279

Choisissez la forme qui convient.

1. Liliana, podes ... a enfeitar os arcos?
    - **A** ajudar-me
    - **B** ajudar-te

2. O Xavier ... para irem ver o desfile das marchas?
    - **A** convidou-vos
    - **B** convidou-me

3. Depois do baile, ... em casa?
    - **A** deixas-te
    - **B** deixas-nos

4. Alexandra, eu ... ontem à noite nas festas de Santo António.
    - **A** vi-nos
    - **B** vi-te

5. Joel e Rita, os meus colegas das marchas ... desde quando?
    - **A** conhecem-vos
    - **B** conhecem-te

6. Gostei de conhecer a tua amiga. Ela ... na véspera do São João.
    - **A** encontrou-os
    - **B** encontrou-me

Astuce Les pronoms personnels compléments d'objet direct ont les formes suivantes à première et à la deuxième personne du singulier et du pluriel : **me**, **te**, **nos**, **vos**. Ces formes correspondent respectivement aux pronoms personnels sujets **eu**, **tu**, **nós** et **vocês**.

Focus — La place du pronom dans la phrase

Placez le pronom à l'endroit indiqué.

1. Judite, ... para irmos dançar um pouco.
    - **A** te convido
    - **B** convido-te

Module 28
AS BASES

2. Os vossos pais ... ao bairro da Graça?
   - **A** levaram-vos
   - **B** vos levaram

3. Eles ... com aquele grupo de pessoas.
   - **A** confundiram-nos
   - **B** nos confundiram

4. ... a comprar um martelinho para o São João.
   - **A** Me obrigaram
   - **B** Obrigaram-me

5. Vocês ... numa situação delicada.
   - **A** colocaram-nos
   - **B** nos colocaram

6. Francisca, é melhor ... do fogo de artifício.
   - **A** afastares-te
   - **B** te afastares

Astuce En portugais européen, le pronom personnel (réflexe ou complément) se place généralement après le verbe, contrairement au portugais brésilien (**Tu deitas-te tarde durante as festas.** vs **Tu te deitas tarde durante as festas.**).

Choisissez la forme correcte.

1. Francisca, não ... do fogo de artifício.
   - **A** te aproximes
   - **B** aproximes-te

2. Alguém ... do último São João?
   - **A** lembra-se
   - **B** se lembra

3. Se ... para fazermos parte das marchas, aceitamos.
   - **A** convidarem-nos
   - **B** nos convidarem

4. Onde ... durante a noite do dia 23?
   - **A** vos levaram
   - **B** levaram-vos

Module 28
AS BASES

5. Já ... para sair.
   - **A** vesti-me
   - **B** me vesti

6. Todos ... nesta cidade.
   - **A** te conhecem
   - **B** conhecem-te

7. Eles ... à porta de casa naquela noite.
   - **A** tinham deixado-nos
   - **B** tinham-nos deixado

8. Talvez eles ... à porta de casa naquela noite.
   - **A** vos tivessem deixado
   - **B** tivessem-vos deixado

Astuce Quand des pronoms interrogatifs (**que**, **o que**, **quem**, **onde**, **como**, **quando**, **quanto**, **porque**), des adverbes de négation ou autres (**não**, **nunca**, **ainda**, **já**, **talvez**, **sempre**, **só**, **também**), des conjonctions (**se**, **quando**), des pronoms relatifs (**que**, **quem**, **onde**), des indéfinis (**alguém**, **ninguém**, **nada**, **tudo**, **todos**) ou des prépositions (**até**, **de**, **para**, **por**, **sem**) se trouvent avant le verbe, alors le pronom se place avant le verbe (**Talvez me apeteça saltar à fogueira. Quando é que nos vão ver?**). Lorsque le verbe est à un temps composé, on place le pronom après le verbe auxiliaire (**Eu tinha-te levado comigo se me tivesses prevenido a tempo.**). Si toutefois la forme verbale composée est précédée de l'un des mots listés ci-dessus, le pronom se place avant le verbe (**Eu só te tinha levado comigo se me tivesses prevenido. Eu tinha-te levado comigo se me tivesses prevenido a tempo.**).

Focus L'impératif à la forme affirmative – verbes réguliers

Corrigé page 279

Choisissez la bonne forme conjuguée.

1. Madalena, ... um manjerico com uma quadra bonita.
   - **A** comprem
   - **B** compras
   - **C** compra

2. Júlio e Hugo, ... os vossos trajes para o desfile.
   - **A** vistam
   - **B** vestem
   - **C** veste

3. Sr. Manuel, ... as sardinhas assadas.
   - **A** prova
   - **B** prove
   - **C** provem

Module 28
AS BASES

> Corrigé page 279

4. Meninos, ... mais alto

   A canta   **B** cantam   **C** cantem

5. Alberto, ... uns versos de amor.

   A escreves   **B** escreve   **C** escrevam

6. Sr.ª Mafalda, ... um pão com chouriço.

   A coma   **B** comam   **C** come

7. Senhores organizadores, ... o desfile.

   A abra   **B** abrem   **C** abram

8. Leonor, ... o metro para chegares à festa.

   A apanhas   **B** apanha   **C** apanhem

Astuce L'impératif est un mode verbal qui sert à donner des ordres, des conseils ou à faire des suggestions et des demandes. Le plus souvent, il est utilisé à la deuxième personne du singulier informelle et formelle (**tu** et **você**) et à la deuxième personne du pluriel (**vocês**). À la forme affirmative, l'impératif se construit à partir du présent de l'indicatif (**ele fala** – (**tu**) **fala, eu falo** – (**você**) **fale, eu falo** – (**vocês**) **falem** ; **eu parto** – (**tu**) **parte**, **ele parte** – (**você**) **parta**, **ele parte** – (**vocês**) **partam**). Les verbes réguliers se terminant par **-er** et par **-ir** se conjuguent de la même forme.

Sélectionnez la bonne forme conjuguée.

1. Sónia, ... um balão de papel com muitas cores.

   A façam   **B** faz   **C** fez

2. Catarina e Tânia, ... para a cerimónia começar.

   A pedam   **B** pedem   **C** peçam

Module 28
AS BASES

3. Sr.ª Albertina, ... as flores, se não se importa.

    A traga **B** traz **C** traza

4. Noivos, ... connosco.

    A vinham **B** vêm **C** venham

5. Pedro e José, ... preparar o desfile.

    A vam **B** vão **C** vá

6. Vicente, ... a que horas começa o fogo de artifício, sim?

    A diz-me **B** dizem-me **C** digam-me

7. Henrique e Sebastião, ... os vasos no lugar, por favor.

    A ponha **B** põem **C** ponham

8. Sr. Afonso, ... a lista das marchas vencedoras, por favor.

    A dá-me **B** dê-me **C** daz-me

Astuce L'impératif de la majorité des verbes irréguliers se construit comme les verbes réguliers (**ele traz** – **(tu) traz**, **eu trago** – **(você) traga**, **eu trago** – **(vocês) tragam**).

Corrigé page 279

Module 28
VOCABULÁRIO

Les fêtes populaires

ainda bem	*heureusement*
arco	*arc*
bairro	*quartier*
enfeitar	*décorer*
fazer direta	*faire une nuit blanche*
fogo de artifício	*feu d'artifice*
manjerico	*basilic*
marcha popular	*défilé populaire*
martelinho	*petit marteau en plastique*
quadra popular	*poème composé de quatre vers/ quatrain dont les vers ont une rime*
no teu lugar	*à ta place*
saltar à fogueira	*sauter par-dessus un feu de bois*
santo padroeiro	*saint patron*
sardinha assada	*sardine grillée*
se não se importa	*si ça ne vous dérange pas*
traje	*costume*
vaso	*pot*
versos	*vers* (poésie)
véspera	*veille*

Module 28
SOLUÇÕES

As bases

PAGES 269-270 – Les fêtes populaires
1 **B** 2 **B** 3 **A** 4 **B** 5 **A** 6 **A** 7 **B** 8 **A**
1 **C** 2 **A,B** 3 **A** 4 **B** 5 **B,C** 6 **A,B**

PAGES 270-271 – Exprimer le doute
1 **A** 2 **B** 3 **B** 4 **A** 5 **B**

PAGES 271-272 – Donner un ordre ou un conseil
1 **A** 2 **B** 3 **A** 4 **C** 5 **C** 6 **B**

PAGE 272 – Un peu de traduction
1 **B** 2 **B** 3 **A** 4 **B** 5 **A**

PAGE 273 – Les pronoms personnels compléments d'objet direct : première et deuxième personnes
1 **A** 2 **A** 3 **B** 4 **B** 5 **A** 6 **B**

PAGES 273-275 – La place du pronom dans la phrase
1 **B** 2 **A** 3 **A** 4 **B** 5 **A** 6 **A**
1 **A** 2 **B** 3 **B** 4 **A** 5 **B** 6 **A** 7 **B** 8 **A**

PAGE 275-277 – L'impératif à la forme affirmative – verbes réguliers
1 **C** 2 **A** 3 **B** 4 **C** 5 **B** 6 **A** 7 **C** 8 **B**
1 **B** 2 **C** 3 **A** 4 **C** 5 **B** 6 **A** 7 **C** 8 **B**

Vous avez obtenu entre 0 et 16 ? Oups ! Il faut revoir les bases.
Vous avez obtenu entre 17 et 33 ? Moyen. Un peu plus d'effort.
Vous avez obtenu entre 34 et 50 ? Pas mal du tout ! Continuez.
Vous avez obtenu 51 et plus ? Parabéns! *Félicitations !* Vous êtes sur la bonne voie.

Module 29
AS BASES

Focus Correspondance formelle et informelle – formules d'adresse

*Dites si les formules d'adresse suivantes sont formelles (**formal**) ou informelles (**informal**).*

1. Excelentíssima senhora,
   - **A** formal
   - **B** informal

2. Querido Bruno,
   - **A** formal
   - **B** informal

3. Sr. Doutor,
   - **A** formal
   - **B** informal

4. Cara colega,
   - **A** formal
   - **B** informal

5. Caro diretor,
   - **A** formal
   - **B** informal

6. Olá,
   - **A** formal
   - **B** informal

Corrigé page 289

Astuce La formule d'adresse **caro/a** peut être plus ou moins formelle. Elle est employée entre des collègues de travail, entre confrères et consœurs ou avec de simples connaissances quand on veut signaler une certaine distance dans la relation interpersonnelle.

Focus Correspondance formelle et informelle – formules de clôture

*Dites si les formules de clôture suivantes appartiennent à un registre formel (**formal**) ou informel (**informal**).*

1. Atenciosamente,
   - **A** formal
   - **B** informal

2. Até breve,
   - **A** formal
   - **B** informal

Module 29
AS BASES

Corrigé page 289

3. Beijos,
   - **A** formal
   - **B** informal

4. Com os melhores cumprimentos,
   - **A** formal
   - **B** informal

5. Um abraço,
   - **A** formal
   - **B** informal

6. Cumprimentos cordiais,
   - **A** formal
   - **B** informal

7. Com amizade,
   - **A** formal
   - **B** informal

8. Atentamente,
   - **A** formal
   - **B** informal

Focus Correspondance informelle

Complétez les phrases avec les formules adéquates.

1. ... como tens passado os últimos tempos?
   - **A** Senhora Verónica,
   - **B** Querida amiga,

2. ... tenho muitas novidades para te contar.
   - **A** Olá, Carlos,
   - **B** Sr. Presidente,

3. Daqui a poucos dias, voltamos a ver-nos. ...
   - **A** Beijinhos,
   - **B** Cordialmente,

4. ... desculpa só agora dar notícias.
   - **A** Caro diretor,
   - **B** Meu amigo,

5. Agora, tenho de voltar ao trabalho. ...
   - **A** Com os melhores cumprimentos,
   - **B** Um abraço,

Module 29
AS BASES

6. ..., escrevo-te para te contar a minha viagem.

   A Raúl,   **B** Sr.º engenheiro,

Focus   Correspondance

Corrigé page 289

Complétez les phrases avec les mots ou expressions qui conviennent.

1. Vou enviar um ... de boas festas aos meus tios.

   A postal   **B** presente

2. Não te esqueças de colar o ... na carta.

   A selo   **B** nome

3. Só falta colocar a carta dentro do ...

   A caixote.   **B** envelope.

4. Envia o e-mail com ... do nosso chefe.

   A conhecimento   **B** nome

5. Por favor, ... a carta de reclamação.

   A pintem   **B** assinem

6. Tens a ... e o ... da empresa?

   A morada postal ... endereço eletrónico   **B** endereço ... endereço eletrónico

Focus   Un peu de traduction

Choisissez la traduction qui correspond.

1. Com os melhores cumprimentos,

   A Salutations,

   B Meilleures salutations,

Module 29
AS BASES

2. Excelentíssima senhora diretora,
   - **A** Excellentissime monsieur le directeur,
   - **B** Madame la directrice,

3. Com um beijinho,
   - **A** Un petit bisou,
   - **B** Avec un bisou,

4. Vou fazer uma reclamação por escrito.
   - **A** Je vais déposer une réclamation par écrit.
   - **B** Je fais une réclamation par écrit.

5. Envie a carta em correio registado com aviso de receção.
   - **A** Envoie la lettre en courrier recommandé, avec accusé de réception.
   - **B** Envoyez la lettre en courrier recommandé, avec accusé de réception.

Focus — **Les pronoms personnels compléments d'objet direct : troisième personne**

Remplacez le complément d'objet direct (souligné) par le pronom qui correspond.

1. Sílvia, enviaste os postais à família?
   - **A** Sílvia, enviaste-a à família?
   - **B** Sílvia, enviaste-os à família?

2. Eu escrevi a carta de reclamação à empresa.
   - **A** Eu escrevi-a à empresa.
   - **B** Eu escrevi-as à empresa.

3. Ninguém ajudou os organizadores.
   - **A** Ninguém ajudou-os.
   - **B** Ninguém os ajudou.

Module 29
AS BASES

4. Viste o José no concerto de fado?
   - **A** Viste-o no concerto de fado?
   - **B** O viste no concerto de fado?

5. Quando chegares, cumprimenta <u>os funcionários</u>.
   - **A** Quando chegares, cumprimenta-os.
   - **B** Quando chegares, os cumprimenta.

Corrigé page 289

> **Astuce** Les pronoms personnels compléments d'objet direct ont les formes suivantes à la troisième personne du singulier et du pluriel : **o**, **a**, **os**, **as**.

Choisissez le pronom qui correspond au complément d'objet direct (souligné).

1. Vou enviar <u>o e-mail</u> à diretora.
   - **A** Vou enviá-lo à diretora.
   - **B** Vou enviá-o à diretora.

2. António, escreves <u>a mensagem</u> agora?
   - **A** António, escreves-a agora?
   - **B** António, escreve-la agora?

3. Traz <u>os envelopes</u> agora, por favor.
   - **A** Trá-los agora, por favor.
   - **B** Traz-os agora, por favor.

4. Estou a terminar <u>as cartas</u>.
   - **A** Estou a terminar-as.
   - **B** Estou a terminá-las.

5. Luana, fazes <u>uma queixa</u> contra quem?
   - **A** Luana, fá-la contra quem?
   - **B** Luana, a fazes contra quem?

Module 29
AS BASES

> **Astuce** Quand le verbe se termine par **-r**, **-s** ou **-z**, on élimine ces consonnes et on ajoute un **-l** au pronom (**-lo**, **-la**, **-los**, **-las**). La voyelle **-a** de la forme verbale gagne un accent aigu (**comprar o envelope** – **comprá-lo**).

Choisissez la forme correcte du pronom, correspondant à l'élément souligné.

1. Terminem <u>a carta formal</u>.

    A Terminem-la.

    B Terminem-na.

2. A presidente põe <u>os empregados</u> a par das novidades.

    A A presidente põe-nos a par das novidades.

    B A presidente põe-os a par das novidades.

3. Os netos dão <u>um beijinho</u> aos avós.

    A Os netos dão-o aos avós.

    B Os netos dão-no aos avós.

4. Vocês enviaram <u>as cartas registadas</u>?

    A Vocês enviaram-nas?

    B Vocês enviaram-as?

5. Ela propõe <u>um acordo</u>.

    A Ela o propõe.

    B Ela propõe-no.

> **Astuce** Dans les cas où le verbe se termine par un son nasal comme **-ão**, **-õe** ou **-m**, on ajoute un **-n** au pronom (**-no**, **-na**, **-nos**, **-nas**). Lorsque les pronoms viennent avant le verbe, ils gardent leur forme originale (**Vocês deixaram as cartas no correio?** – **Vocês deixaram-nas no correio?** vs **Vocês não as deixaram no correio?**).

Module 29
AS BASES

Focus L'impératif à la forme négative – verbes réguliers

Sélectionnez la bonne forme conjuguée.

Corrigé page 289

1. Ivo, não ... a correspondência em cima da mesa.
   - **A** deixas
   - **B** deixa
   - **C** deixes

2. Marina e Tiago, não ... uma carta informal ao serviço de reclamações.
   - **A** escrevem
   - **B** escrevam
   - **C** escreva

3. Sr.ª Maria, não ... com pressa.
   - **A** decida
   - **B** decide
   - **C** decidas

4. Guida e Armando, não ... esta correspondência aos vossos pais.
   - **A** entregam
   - **B** entreguam
   - **C** entreguem

5. Dinis, não ... o envelope.
   - **A** abras
   - **B** abre
   - **C** abres

6. Sr. Roberto, não ... a mal a nossa queixa.
   - **A** leva
   - **B** leve
   - **C** leves

7. Amigos, não ... já os convites.
   - **A** distribuam
   - **B** distribua
   - **C** distribuem

8. Sr. Eusébio, não nos ... mal.
   - **A** entendas
   - **B** entende
   - **C** entenda

Astuce L'impératif à la forme négative ne diffère de la forme affirmative qu'à la deuxième personne du singulier (**(tu) lev**a vs **(tu) não leves** ; **come** vs **não comas** ; **parte** vs **não partas**).

Module 29
AS BASES

Focus L'impératif à la forme négative – verbes *ser*, *estar* et *ir*

Corrigé page 289

Pour chaque phrase, sélectionnez la forme correcte du verbe.

1. Rafael, não ... revoltado com a situação.
   - **A** estejas
   - **B** estejam
   - **C** estás

2. Sr.ª Letícia, não ... de férias sem preparar a viagem.
   - **A** vás
   - **B** vai
   - **C** vá

3. Colegas, não ... intolerantes.
   - **A** são
   - **B** sejam
   - **C** sejas

4. Querida avó, não ... aos correios sozinha.
   - **A** vão
   - **B** ande
   - **C** vás

5. Caros colaboradores, não ... preocupados. Vamos ultrapassar as dificuldades.
   - **A** estejam
   - **B** estão
   - **C** esteja

6. Minha amiga, não ... pessimista.
   - **A** sês
   - **B** sejas
   - **C** sejam

7. Srs. Presidentes, não ... tomar uma decisão sem ouvirem a população.
   - **A** vam
   - **B** vá
   - **C** vão

8. Sr.ª Doutora, não ... à espera que o paciente piore.
   - **A** esteja
   - **B** está
   - **C** estejas

Module 29
VOCABULÁRIO

Correspondance

atenciosamente, atentamente	*attentivement*
beijos, beijinhos	*bisous, des petits bisous*
caro/a colega	*cher/chère collègue*
carta de reclamação	*lettre de réclamation*
correio registado	*courrier/lettre recommandé(e)*
com aviso de receção	*avec avis de réception*
cordialmente	*cordialement*
cumprimentos	*salutations*
com os melhores cumprimentos	*meilleures salutations*
entender	*comprendre*
envelope	*enveloppe*
estar com pressa	*être pressé*
fazer queixa contra alguém	*porter plainte contre quelqu'un*
funcionários	*travailleurs*
levar a mal	*mal prendre*
piorar	*empirer, aggraver*
pôr alguém a par de	*mettre quelqu'un au courant de*
postal	*carte postale*
selo	*timbre*
um abraço	*une accolade*

Module 29
SOLUÇÕES

As bases

PAGE 280 – Correspondance formelle et informelle – formules d'adresse
1**A** 2**B** 3**A** 4**A** 5**A** 6**B**

VOTRE SCORE :

PAGES 280-281 – Correspondance formelle et informelle – formules de clôture
1**A** 2**B** 3**B** 4**A** 5**B** 6**A** 7**B** 8**A**

PAGES 281-282 – Correspondance informelle
1**B** 2**A** 3**A** 4**B** 5**B** 6**A**

PAGE 282 – Correspondance
1**A** 2**A** 3**B** 4**A** 5**B** 6**A**

PAGES 282-283 – Un peu de traduction
1**B** 2**B** 3**A** 4**A** 5**B**

PAGES 283-285 – Les pronoms personnels compléments d'objet direct : troisième personne
1**B** 2**A** 3**B** 4**A** 5**A**
1**A** 2**B** 3**A** 4**B** 5**A**
1**B** 2**A** 3**B** 4**A** 5**B**

PAGE 286 – L'impératif à la forme négative – verbes réguliers
1**C** 2**B** 3**A** 4**C** 5**A** 6**B** 7**A** 8**C**

PAGE 287 – L'impératif à la forme négative – verbes **ser**, **estar** et **ir**
1**A** 2**C** 3**B** 4**C** 5**A** 6**B** 7**C** 8**A**

Vous avez obtenu entre 0 et 15 ? Oups ! Il faut revoir les bases.
Vous avez obtenu entre 16 et 31 ? Moyen. Un peu plus d'effort.
Vous avez obtenu entre 32 et 49 ? Pas mal du tout ! Continuez.
Vous avez obtenu 50 et plus ? Parabéns! *Félicitations !* Vous êtes sur la bonne voie.

Module 30
AS BASES

Focus À la banque

Corrigé page 300

Complétez les phrases avec les mots ou expressions adéquats.

1. Bom dia! Queria abrir uma conta ..., por favor?
   - **A** com dinheiro
   - **B** à ordem

2. O seu novo ... será enviado para a sua morada.
   - **A** cartão
   - **B** banco

3. Precisava de fazer uma ... de 200 euros.
   - **A** transferência
   - **B** operação

4. O Sr. pode ... o seu dinheiro naquela caixa automática.
   - **A** entregar
   - **B** depositar

5. Posso fazer essas ... pela internet?
   - **A** atividades
   - **B** operações

6. Gostaria de conhecer o ... da minha conta, por favor.
   - **A** saldo
   - **B** dono

7. Dirija-se ao ... 3, por favor.
   - **A** balcão
   - **B** banco

8. Posso ... dinheiro aqui?
   - **A** mudar
   - **B** cambiar

Complétez les phrases avec les mots ou expressions adéquats.

1. Não comunique o seu ... pessoal a ninguém.
   - **A** código
   - **B** cartão

2. Gostaria de consultar as condições do meu ... habitação.
   - **A** conta
   - **B** crédito

Module 30
AS BASES

3. Para autorizar este ... deve assinar aqui.

    A operação   **B** pagamento

4. Aquele cliente pretende ... nestas ações.

    A investir   **B** comprar

5. A ... encerra às 16 horas.

    A banca   **B** agência bancária

6. Queria requisitar um livro de ...

    A cheques.   **B** juros.

Trouvez le contraire.

Corrigé page 300

1. O saldo da sua conta é positivo.

    A O saldo da sua conta é bom.

    B O saldo da sua conta é negativo.

2. O meu filho tem apenas um cartão de débito.

    A O meu filho tem apenas um cartão multibanco.

    B O meu filho tem apenas um cartão de crédito.

3. As taxas de juro do seu empréstimo são fixas.

    A As taxas de juro do seu empréstimo são variáveis.

    B As taxas de juro do seu empréstimo são diferentes.

4. Preciso de levantar dinheiro.

    A Preciso de retirar dinheiro.

    B Preciso de depositar dinheiro.

Module 30
AS BASES

Focus Un peu de traduction

Choisissez la bonne traduction.

1. O banqueiro tem um horário muito preenchido.

    A Le directeur de la banque a un emploi du temps très chargé.

    B L'employé de la banque a un emploi du temps très chargé.

2. Preciso do seu NIB.

    A J'ai besoin de votre numéro de compte.

    B J'ai besoin de votre RIB.

3. As taxas de juro estão altíssimas.

    A La taxe bancaire est très élevée.

    B Les taux d'intérêt sont très élevés.

4. O Sr. precisa de pedir um empréstimo?

    A Vous avez besoin de demander un prêt ?

    B Vous avez besoin de faire un emprunt ?

5. Aqui tem os últimos movimentos da sua conta.

    A Vous avez ici les premiers mouvements de votre compte.

    B Voici les derniers mouvements de votre compte.

Focus Expressions idiomatiques

Complétez les expressions idiomatiques.

1. O diretor do banco é surdo como ...

    A uma porta.   **B** um cão.

Module 30
AS BASES

2. Não ponhas o ... onde não és chamado!

   A nariz   **B** dedo

3. Ela está fresca como uma ...

   A couve.   **B** alface.

4. Simão, hoje acordaste com os ... de fora.

   A braços   **B** pés

5. És teimoso como um ...

   A burro.   **B** animal.

6. Estou cheio. Tenho mais ... do que ...

   A apetite ... fome.   **B** olhos ... barriga.

7. Eu tinha a resposta na ponta da ...

   A língua.   **B** boca.

8. Elas têm um ... de ouro.

   A coração   **B** amor

Corrigé page 300

Focus **Les pronoms personnels compléments d'objet indirect**

Remplacez les expressions soulignées par le pronom qui correspond.

1. Margarida, pediste um empréstimo <u>ao teu banco</u>?

   A Margarida, pediste-os um empréstimo?

   B Margarida, pediste-lhe um empréstimo?

Module 30
AS BASES

Corrigé page 300

2. A gerência enviou a informação atualizada <u>aos seus clientes</u>.

   A A gerência enviou-lhes a informação atualizada.

   B A gerência enviou-lhe a informação atualizada.

3. O banco emprestou dinheiro (<u>a mim</u>).

   A O banco emprestou-te dinheiro.

   B O banco emprestou-me dinheiro.

4. Gilberto, a agência bancária entrega o novo cartão (<u>a ti</u>)?

   A Gilberto, a agência bancária entrega-te o novo cartão?

   B Gilberto, a agência bancária entrega-lhe o novo cartão?

5. Nádia e Paula, o banco propôs (<u>a vocês</u>) outro seguro?

   A Nádia e Paula, o banco propôs-nos outro seguro?

   B Nádia e Paula, o banco propôs-vos outro seguro?

6. O banco pagou os juros (<u>a nós</u>).

   A O banco pagou-vos os juros.

   B O banco pagou nos os juros.

Astuce Les pronoms personnels compléments d'objet indirect ont les formes suivantes : **-me**, **-te**, **-lhe**, **-nos**, **-vos**, **-lhes**.

Choisissez la forme qui convient.

1. Dália, que outras condições é que o banco ...?

   A te ofereceu   **B** ofereceu-te

Module 30
AS BASES

2. O cliente não … essa informação.

   A transmitiu-nos
   B nos transmitiu

3. … já um e-mail.

   A Escrevo-lhes
   B Lhes escrevo

4. … o seguinte acordo.

   A Vos proponho
   B Proponho-vos

5. Ninguém … o NIB.

   A enviou-me
   B me enviou

6. … novamente a simulação do seguro.

   A Faço-lhe
   B Lhe faço

Corrigé page 300

Focus Les pronoms personnels compléments d'objet direct et indirect

Remplacez les compléments d'objet direct et indirect (soulignés) par la forme contractée des deux pronoms équivalents.

1. Margarida, pediste <u>um empréstimo</u> <u>ao teu banco</u>?

   A Margarida, pediste-os?
   B Margarida, pediste-lho?

2. A gerência enviou <u>as informações novas</u> <u>aos seus clientes</u>.

   A A gerência enviou-as.
   B A gerência enviou-lhas.

3. O banco emprestou <u>dinheiro</u> (<u>a mim</u>).

   A O banco emprestou-mo.
   B O banco emprestou-me.

Module 30
AS BASES

Corrigé page 300

4. Gilberto, a agência bancária entrega <u>os cartões</u> (<u>a ti</u>)?

   A Gilberto, a agência bancária entrega-tos?

   B Gilberto, a agência bancária entrega-te-os?

5. O banco mostrou <u>à Telma e ao marido</u> <u>a transferência realizada</u>.

   A O banco mostrou-lhes.

   B O banco mostrou-lha.

6. O banco pagou <u>os juros</u> (<u>a mim</u>).

   A O banco pagou-mos.

   B O banco pagou-me os juros.

Astuce Lorsqu'ils sont contractés, les pronoms personnels compléments d'objet direct et indirect prennent les formes suivantes : **-mo** (**-me** + **-o**), **-ma** (**-me** + **-a**), **-mos** (**-me** + **-os**), **-mas** (**-me** + **-as**) ; **-to** (**-te** + **-o**), **-ta** (**-te** + **-a**), **-tos** (**-te** + **-os**), **-tas** (**-te** + **-as**) ; **-lho** (**-lhe** + **-o**), **-lha** (**-lhe** + **-a**), **-lhos** (**-lhe** + **-os**), **-lhas** (**-lhe**+**-as**).

Focus Les déterminants et les pronoms indéfinis

Sélectionnez les constructions correctes qui expriment le contraire.

1. Está alguém no banco a esta hora?

   A Está ninguém no banco a esta hora?

   B Não está ninguém no banco a esta hora?

2. Nenhuma das condições que oferecem corresponde às vossas necessidades?

   A Alguma das condições que oferecem corresponde às vossas necessidades?

   B Muita das condições que oferecem corresponde às vossas necessidades?

Module 30
AS BASES

3. São poucos os clientes que se dirigem ao banco.

   A São algum os clientes que se dirigem ao banco.

   B São muitos os clientes que se dirigem ao banco.

4. O gerente de conta contou-me tudo sobre as taxas de juro.

   A O gerente de conta contou-me nada sobre as taxas de juro.

   B O gerente de conta não me contou nada sobre as taxas de juro.

5. Todas as pessoas têm uma conta bancária.

   A Ninguém tem uma conta bancária.

   B Nenhuns pessoas têm uma conta bancária.

6. Há tantos tipos de cartões bancários!

   A Há muito tipos de cartões bancários.

   B Há poucos tipos de cartões bancários.

Corrigé page 300

Astuce Les indéfinis variables s'accordent en genre et en nombre avec le mot qu'ils accompagnent. Ils ont les formes suivantes : **algum, alguma, alguns, algumas** ; **nenhum, nenhuma, nenhuns, nenhumas** ; **muito, muita, muitos, muitas** ; **pouco, pouca, poucos, poucas** ; **tanto, tanta, tantos, tantas** ; **todo, toda, todos, todas** ; **outro, outra, outros, outras**.

Les indéfinis invariables ne varient ni en genre ni en nombre : **alguém, ninguém** ; **tudo, nada**. Comparez **Leste o contrato todo?** et **Leste tudo?** (Est-ce que tu as lu tout le contrat ? vs Est-ce que tu as tout lu ?). Dans la première phrase, l'indéfini variable **todo** s'accorde avec le nom **contrato**, alors que dans le deuxième cas, l'indéfini invariable **tudo** remplace un nom. Les indéfinis **nenhum/a, nenhuns/nenhumas, ninguém** et **nada** sont parfois précédés de l'adverbe de négation **não** (**Não há ninguém/nada aqui.**).

Module 30
AS BASES

Focus Un peu de traduction

Choisissez la traduction adéquate.

Corrigé
page 300

1. Il y a tellement de gens qui n'ont pas de compte d'épargne !

   A Há tantas pessoas que não têm uma conta poupança!

   B Há tantas gente que não têm conta poupança!

2. Toutes les banques visent le profit.

   A Todas as bancas procuram o lucro.

   B Todos os bancos têm como objetivo o lucro.

3. Tout a été dit lors de la réunion.

   A Ficou todo dito na reunião.

   B Ficou tudo dito na reunião.

4. Il n'y a rien à ajouter.

   A Não há nada a acrescentar.

   B Há nada a acrescentar.

5. Peu de virements ont été faits le mois dernier.

   A Foram feitos pouca transferências no mês passado.

   B Foram feitas poucas transferências no último mês.

Module 30
VOCABULÁRIO

La banque

bancário	*employé de banque*
banqueiro	*banquier*
conta à ordem; conta poupança	*compte courant ; compte d'épargne*
depositar dinheiro	*déposer de l'argent*
fazer um empréstimo	*faire un prêt*
gerente de conta	*gestionnaire de compte*
levantar dinheiro	*retirer de l'argent*
taxas de juro	*taux d'intérêt*
ter um saldo negativo	*être à découvert*
transferência bancária	*virement bancaire*

Expressions idiomatiques

acordar com os pés de fora	*se lever du pied gauche*
estar fresco como uma alface	*être aussi frais qu'une fleur*
pôr o nariz onde não se é chamado	*mettre son grain de sel*
ser surdo como uma porta	*être sourd comme un pot*
ser teimoso como um burro	*être une tête de mule*
ter a resposta na ponta da língua	*avoir la réponse sur le bout de la langue*
ter um coração de ouro	*avoir le cœur sur la main*

Module 30
CORRIGÉ

As bases

PAGES 290-291 – À la banque
1**B** 2**A** 3**B** 4**B** 5**B** 6**A** 7**A** 8**B**
1**A** 2**B** 3**B** 4**A** 5**B** 6**A**
1**B** 2**B** 3**A** 4**B**

VOTRE SCORE :

PAGE 292 – Un peu de traduction
1**A** 2**B** 3**B** 4**A** 5**B**

PAGES 292-293 – Expressions idiomatiques
1**A** 2**A** 3**B** 4**B** 5**A** 6**B** 7**A** 8**A**

PAGES 293-295 – Les pronoms personnels compléments d'objet indirect
1**B** 2**A** 3**B** 4**A** 5**B** 6**B**
1**A** 2**B** 3**A** 4**B** 5**B** 6**A**

PAGES 295-296 – Les pronoms personnels compléments d'objet direct et indirect
1**B** 2**B** 3**A** 4**A** 5**B** 6**A**

PAGES 296-297 – Les déterminants et les pronoms indéfinis
1**B** 2**A** 3**B** 4**B** 5**A** 6**B**

PAGE 298 – Un peu de traduction
1**A** 2**B** 3**B** 4**A** 5**B**

Vous avez obtenu entre 0 et 14 ? Oups ! Il faut revoir les bases.

Vous avez obtenu entre 15 et 30 ? Moyen. Un peu plus d'effort.

Vous avez obtenu entre 31 et 45 ? Pas mal du tout ! Continuez.

Vous avez obtenu 46 et plus ? Parabéns! *Félicitations !* Vous êtes sur la bonne voie.

© 2024, ASSIMIL
Dépôt légal : février 2024 - N° d'édition : 4328
ISBN : 978-2-7005-0953-3

Achevé d'imprimer en Espagne
par Ganboa - février 2024
www.assimil.com